四季とともに歩む
美智子さま
366の言葉

［監修］
小田部雄次

KADOKAWA

はじめに

移ろいゆく季節を美智子さまのお言葉とともに――

昭和9年10月20日生まれの上皇后美智子さまは、令和6年10月には90歳――卒寿を迎えられる。

幼き日に戦争や疎開を体験した美智子さまは、昭和34年4月10日に当時の皇太子であった明仁親王と結婚し、一般市民から皇族となり、新たな人生をスタートさせた。

皇太子妃としてのスタートとなる成婚パレードでは沿道で53万人もの市民が歓喜の声をあげた。人びとが美智子さまのファッションやライフスタイルを模倣するという社会現象も生んだ。

――そして美智子さまは、それから65年の月日を皇太子妃、皇后、上皇后として過ごされた。

美智子さまのライフスタイルは、同時代を生きる女性たちのひとつの理想を示してきた。清楚で優美なファッションや身のこなし、情愛あふれる夫婦や家族の営み、困難にある人びとへの思いやり、そしてご自身の精神力、こうした一つ一つのふるまいや言葉は、戦後日本の誇るべき財産だろう。

本書は、美智子さまが幾重にも重ねてこられた年のなかで述べられてきたお言葉のなかから、月や日、季節を印象づける言葉を選定し、366日にわたって綴るものである。学校への入学の時期には子の成長を見守る言葉、読書の秋には本にちなんだ言葉を選定した。その日に発言した言葉ではないことにご留意いただきたい。

美智子さまのお言葉をたどりながら、読者とともに移ろいゆく季節を味わえれば幸いである。

小田部雄次

春

Spring

始まりと美しい花の季節

「この美しい朝のことを
いつまでも忘れないでしょう」

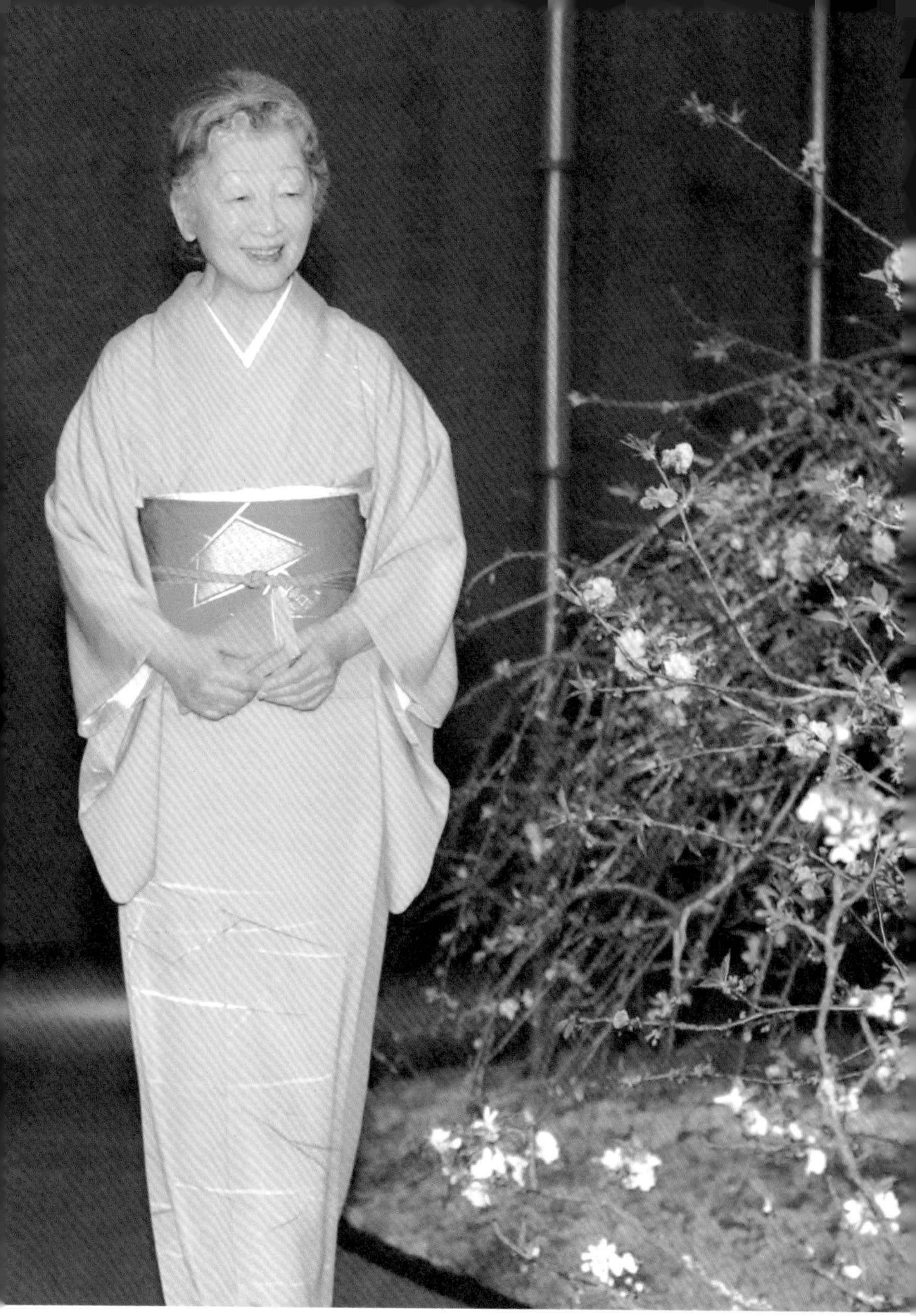

平成19年、「勅使河原茜展－私の花」を鑑賞される美智子さま。

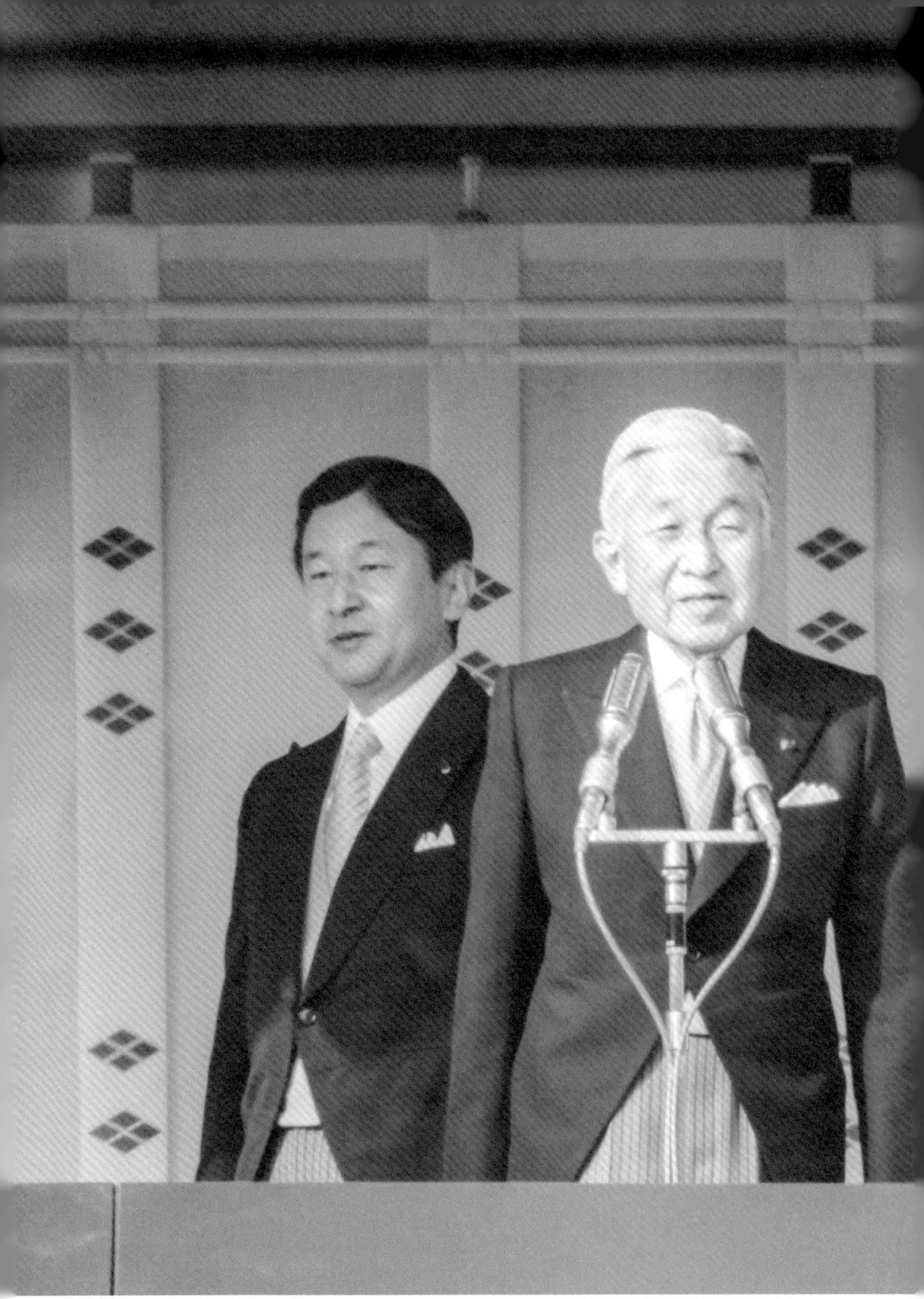

平成24年、新年の一般参賀に臨まれる天皇陛下（現・上皇さま）、美智子さま、
皇太子さま（現・天皇陛下）、雅子さま。

夏

Summer

懐かしさとうれしさが詰まった季節

「汽車で軽井沢の近くまできて
離山とか浅間山とか見えてくると、
懐かしさとうれしさでいっぱいになります」

平成14年、静養先の須崎御用邸内の海岸を散策される天皇陛下（現・上皇さま）ご一家。

平成21年、駐米大使及びホノルル総領事共催レセプション会場のパーカー牧場に到着された天皇陛下（現・上皇さま）と美智子さま。

家族と楽しむ芸術の季節

Autumn

「音楽も、ささやかにであれ続けていかれれば、どんなに嬉しいでしょう」

令和３年、仙洞仮御所の庭を散策される上皇さまと美智子さま。

昭和60年、趣味のハープ演奏をされる美智子さま。

平成17年、岡山市で開催された第60回国民体育大会（国体）秋季大会の開会式をご覧になる天皇陛下（現・上皇さま）と美智子さま。

Winter

1年の成果と喜びを感じる季節

「人々の地道な努力が花開くのを見る喜びもありました」

平成24年、スロバキアのガスパロビッチ大統領夫妻を出迎える
天皇陛下（現・上皇さま）と美智子さま。

平成17年、板橋区立美術館で開催されたトロースドルフ絵本美術館展で、赤ずきんの立体絵本を鑑賞される美智子さま。

昭和60年、北欧４カ国公式訪問に出発する皇太子さま（現・上皇さま）と美智子さま。

・本文中の年齢は満年齢で記載しています。数えでの年齢に言及する場合はその旨、記載しています。
・本文中の写真は言葉の内容や時期、本文の年代と合致していない場合があります。
・掲載している言葉のなかには、趣旨を変えることなく抜粋・省略を行っている場合があります。
・写真のキャプション中の敬称は原則、当時の敬称で表記しています。
・和歌などは原則、原文のまま旧仮名遣いとしています。

編集：田村真義（KADOKAWA）
装丁：菊池 祐
編集協力：金丸信丈・花塚水結・大廻真衣（ループスプロダクション）
本文デザイン・DTP：竹崎真弓（ループスプロダクション）
イラスト：茅根美代子
校正：東京出版サービスセンター
写真：朝日新聞社

四季とともに歩む
美智子さま３６６の言葉

1月1日　楽しい日々

「いまさらのように自分が
なにもできないことを自覚し、
能力のなさを悲しむことはあっても、
はげまし教えられる
きょうこのごろは、
やはりハリのある
楽しい日々で
ございます」

〔朝日新聞　昭和34年1月1日〕

昭和34年、納采の儀を終えて両陛下（昭和天皇・香淳皇后）へあいさつへ向かう美智子さま。

1月2日　異国の地で

「この美しい朝のことをいつまでも忘れないでしょう」

［朝日新聞　昭和37年2月10日］

episode

昭和37年1月から2月の期間、皇太子さま（現・上皇さま）と美智子さまは、昭和天皇の名代としてパキスタンとインドネシアを訪問された。インドネシアのボゴール宮殿には約1万人の学生が集まり、コーラスを披露。美智子さまは手を振ったり拍手をしたりして応えられ、右のように話された。このとき、皇太子さまは体調を崩され静養中。美智子さまは公務の傍ら皇太子さまの看病に徹するも、帰国間際に発熱してしまった。

1月3日　私の役目

「陛下があの場合、苦しむ人々の傍に行き、その人々と共にあることを御自身の役割とお考えでいらっしゃることが分かっておりましたので、お伴をすることに躊躇はありませんでした」

［平成23年　お誕生日に際して］

episode

平成23年、東日本大震災が発生した直後の3月末から5月にかけて、天皇陛下（現・上皇さま）と美智子さまは被災地を訪問された。関東でも被害の大きかった千葉県旭市と茨城県北茨城市、そして宮城県、岩手県、福島県と7週連続で訪問を重ねて被災者を励まされた。美智子さまはこのときのことを振り返り、天皇陛下のお気持ちを理解したうえで、お伴するのに躊躇はなかったと語られた。

1月4日　愛する人と共に

「両親のもとで過ごした年月よりも更に長い年月が過ぎたことを思いますと、やはり深い感慨を覚えます」

［平成元年　天皇陛下ご即位に際しての記者会見］

平成元年、公式記者会見に臨む天皇陛下（現・上皇さま）と美智子さま。

1月5日

自分の喜び

小寒

「自分の中にあるものをのびのびと生かして、そして自分の生活の中に喜びを見出して生きていってほしい」

〔昭和55年　お誕生日に際して〕

episode

浩宮さま（現・天皇陛下）が学習院大学文学部の3年生になられた昭和55年、大学院へ進まれるのかと記者から問われた美智子さま。「それは本当に浩宮が決めることだと思います」としつつも、「立場もあることなので、自分の希望だけが最優先するわけではない」と答えられている。その後、お子様方に母親として何か注文があるかと問われると、右のように語られた。

昭和55年、浩宮さま（現・天皇陛下）の成年を祝うお茶会で、乾杯する皇太子（現・上皇さま）、美智子さま、浩宮さま。

Column 我が子が成年を迎えて

昭和55年２月23日、成年を迎えられた浩宮さま。同日には成年式、同月25日には成年を祝う会、同月27日には成年を祝うお茶会が開かれ、美智子さまも出席された。

1月6日　心のうち

「憎しみに囲まれて
何かをしようとしても、
くずれる砂山を
足場にするように、
何一つ実るものは
ございませんでしょう」

〔『FNN報道スペシャル　平成の〝大晦日〟令和につなぐテレビ』ご結婚後に美智子さまがつづったノートの一部〕

昭和34年、ご結婚後の朝見の儀を終え、正装で記念撮影される皇太子さま（現・上皇さま）と美智子さま。写真：宮内庁提供。

1月7日　相手への敬意

「日常生活については、折々に話し合い、教えたり教わったりいたします」

〔平成7年　お誕生日に際して〕

1月8日　伝統を重んじる

「伝統と社会との問題に対し、思いを深めていってくれるよう願っています」

〔平成21年　天皇皇后両陛下御結婚満50年に際しての記者会見〕

1月9日　我が子の成長

「前の御代からお受けしたものを、精一杯次の時代まで運ぶ者でありたいと願っています」

〔平成25年　お誕生日に際して〕

1月10日　励ましの言葉

「今日はヘリコプターとバスを乗り継ぎ避難所に向かっているので、そちらには伺えないけど被害はどうですか」

［渡邉みどり『日本人でよかったと思える 美智子さま38のいい話』（平成26年、朝日新聞出版）］

episode

平成7年1月17日、阪神・淡路大震災が発生。近畿圏において死者6000名以上が出る大きな被害を受けた。それからわずか14日後、天皇陛下（現・上皇さま）と美智子さまはヘリコプターやバスを乗り継ぎ、余震が続く被災地を訪問された。満洲国皇帝であった愛新覚羅溥儀《あいしんかくらふぎ》の姪・福永嫮生《ふくながこせい》さんも被災者となり、美智子さまが電話で嫮生さんに伝えた励ましのお言葉がこれだ。嫮生さんの叔母にあたる福永泰子さんは侍従職で女官を務めた後、香淳皇后に仕えていた人物。

1月11日　平和を願って

「これからの一年も、今までと変わりなく、人々のしあわせを願いつつ過ごしていきたいと思います」

〔平成8年　お誕生日に際して〕

1月12日　前向きな人生観

「人生は好きです。楽しいと思います」

〔毎日新聞　昭和33年11月27日〕

1月13日　自作の童話

「人のあり方や行為が、時として、外からは測ることの出来ない思いに支えられていることを知り、驚くことがあります」

〔作・美智子、絵・武田和子『はじめての やまのぼり』（平成3年、至光社）〕

1月14日　気さくな激励

「あら、あなたにはおめでとういってはいけなかったわね！」

『週刊女性』昭和54年2月8日号

episode

昭和54年1月、第25回NHK青年の主張全国コンクール全国大会に出席された皇太子さま（現・上皇さま）と美智子さま。大会終了後の懇談会にて、優秀賞を受賞した中国地方代表の岡村精二さんは「最優秀賞を目指したかったので、残念です」と話した。懇談会が終了し、美智子さまは大会に出場していた青年たちにお祝いの言葉をかけられていたが、岡村さんに対してはお茶目な笑みで右のようにお言葉をかけられたのだった。しかし、その後には「これからもがんばって」と激励のお言葉もかけられている。

昭和54年、愛知県幡豆郡幡豆町（現・西尾市）の愛知こどもの国で、紀宮さま（現・黒田清子さん）が運転するカートに乗る美智子さま。

Column 紀宮さま（現・黒田清子さん）

昭和44年４月18日、皇太子さま（現・上皇さま）と美智子さまの長女としてお生まれになった紀宮さま（現・黒田清子さん）。「サーヤ」の愛称でも親しまれており、盲導犬に高い関心を持っている。

1月15日　わが娘への願い

「素直でやさしい女性に育ってほしい。結婚までは皇族として生活させていただくのだから、それに応えるような人になってほしいと思います」

〔浜尾 実『美智子さま 心にひびく愛の言葉』(平成12年、青春出版社)〕

1月16日　初心を大切に

「まだ御所に上がってすぐの頃に、どの国も変わりなくお迎えすることが大切、と陛下が接遇の基本をお話し下さったことをいつも思い出しています」

〔平成10年　お誕生日に際して〕

1月17日　浩宮さま(現・天皇陛下)のオーストラリア旅行に際して

「一般の家庭でも、そんな完全な自由はない」

〔昭和49年　お誕生日に際して〕

1月18日　外交の意味

「国際親善は、いろいろな立場の人々がそれぞれの立場で友好を深めていって、次第に国同士の親しさが醸し出されて来るというものではないかと考えています」

〔平成元年　天皇陛下ご即位に際しての記者会見〕

1月19日　子の成長

「子供は私達親だけでなく、他人にも育てられているので、自分の適性は子供自身が見つけていくものではないでしょうか」

〔昭和51年　お誕生日に際して〕

1月20日　皇太子妃として

「これもわたくしにとっては教育です」

〔昭和33年　皇太子妃教育のためご自宅を出られた際に〕

1月21日

復興への賛美

大寒

「復興を讃《たた》えるとともに、ここまでの道のりで、どれ程に人々が忍耐を重ね、悲しみや苦しみを越えて来たかを思い、胸がつまる思いでした」

［平成13年　お誕生日に際して］

episode

阪神・淡路大震災から6年の年月が経った平成13年、天皇陛下（現・上皇さま）と美智子さまは被災地を訪問された。震災で全焼した兵庫県神戸市にある菅原市場の跡地や神戸レインボーハウス、震災による犠牲者の名が刻まれた「慰霊と復興のモニュメント」を視察。震災遺児らとも談話された。

平成17年、兵庫県神戸市にある兵庫県立美術館にて行われた震災復興10周年記念国際公募展「兵庫国際絵画コンペティション」の鑑賞に訪れた美智子さま。

Column 被災地へのお見舞い

地震、豪雨などによって被害を受けた被災地・被災者へ寄せるお気持ちは、皇太子妃の時代からずっとお持ちになっている。必ず被災者や関係者と同じ目線に立って励まされ続けている。

1月22日　重責を果たす

「国の象徴でおありになる天皇陛下に連なる者として、常に身を謹み、行事、祭祀等、皇室の伝統を守りつつ、その時代の社会に内在する皇室の一員として、社会の要請に応え、課せられた務めを果たしていくこと」

［平成7年　お誕生日に際して］

平成7年、沖縄県営平和祈念公園にある「平和の礎」に刻まれた犠牲者の名前をご覧になる天皇陛下（現・上皇さま）と美智子さま。左は吉元政矩・沖縄県副知事（当時）。

1月23日　未来への指針

「人口の問題は決して国によって制御されるべきものではないと思いますが、どの様な状態に達するのが社会として好ましいかを個々人が念頭に置き、一つの指針とすることには意味があると思います」

〔平成9年　お誕生日に際して〕

1月24日　リスクを冒す

「私どもの生活には、大切なことのためには、時としてリスクを冒さねばならないこともあるのではないかと思っています」

〔平成10年　英国・デンマークご訪問に際しての記者会見〕

1月25日　Road not taken（選ばれざる道）

「人が歩んできた道とまだ歩んだことがない道、私はどちらの道を選ぶかと言えば、絶対に『Road not taken』だと思うのです」

〔『皇后誕生 美智子さまから雅子さまへ』（令和元年、文藝春秋）〕

1月26日　心を寄せる

「被災者の心の傷が少しずつ癒されていくことを願いつつ、被災地のこれからの状況に心を寄せ続けていきたいと思います」

［平成7年　お誕生日に際して］

episode

平成7年1月に発生した阪神・淡路大震災ののち、同月31日に被災地を訪れた天皇陛下（現・上皇さま）と美智子さま。このときを振り返り、右のように語られた。「被災者により示された健気な対応と相互への思いやりに、深く心を打たれました」とも話されている。また、被災地を訪れた際は、バスに乗り込んでからも窓から「ガンバレ」と手話で励ましの言葉を贈られた。

1月27日　しあわせとは

「人間としてしあわせなら、その環境に対応してゆくエネルギーも出てきます」

〔朝日新聞　昭和35年9月19日
ご結婚後1年経った現在の生活について〕

昭和35年、訪米から帰国後、浩宮さま（現・天皇陛下）との時間を過ごす皇太子さま（現・上皇さま）と美智子さま。

1月28日　家族への愛

「竹の園生の中でも、夫婦や家族の愛情を大切にしていきたい」

〔『女性自身』昭和34年11月25日号〕

1月29日　新しく加わった二人の妃たちへ

「私のしてきた事ばかりでなく、なし得なかったたくさんの事も、しっかりと見、補っていってほしいと願っています」

〔平成16年　お誕生日に際して〕

1月30日　おまじないの言葉

「心が悲しんでいたり不安がっているときには、対応のしようもなく、祈ったり、時に子どもっぽいおまじないの言葉をつぶやいてみたりすることもあります」

〔平成19年　ヨーロッパ諸国ご訪問に際しての記者会見〕

1月31日　先駆者に導かれ

「様々な社会の
新しい動きの中で、
先駆者達の姿に
目を見張り、
その言葉に
聞き入り、
常に導かれる
側にあって
歩いてまいりました」

［平成13年　お誕生日に際して］

平成13年、皇居東御苑内の雑木林を散策する天皇陛下（現・上皇さま）と美智子さま。
写真：宮内庁提供。

Column 1

有事には精神的な支えとして長く国民に心を寄せる

自分の立場に求められているものとは

地震や噴火、台風、洪水などさまざまな自然災害が発生する度に、上皇さまと美智子さまは被災者や復興を支援する作業員らを案じ、ときには支援を行われてきました。

平成3年、長崎県の雲仙・普賢岳で火砕流が発生した際、天皇陛下（現・上皇さま）と美智子さまは、ご即位後はじめての被災地お見舞いとして島原市をご訪問。仮設住宅や小学校・中学校などで避難生活を送る被災者へ励ましのお言葉をかけられました。そして、4年後の平成7年11月には再び長崎県をご訪問。島原市内の追悼碑に供花され、火砕流の犠牲者の冥福を祈られました。

かつて、被災者のお見舞いについて、記者会見で美智子さまはこう述べられています。「社会に生きる人々にはそれぞれの立場に応じて役割が求められており、皇室の私どもには行政に求められるものに比べ、より精神的な支援としての献身が求められているように感じます」

災害発生時だけでなく、年月が経ってからも現地の復興状況を視察し、災害の犠牲者に追悼の意を示すなど、長く国民に心を寄せている。

2004年、新潟県中越地震後に見舞いに訪れた避難所で、被災者の子どもの手を取り、話をされる美智子さま。

2月1日　他国の伝承文化を知る

「苦しみ多い時代にも、人々が決して捨てることの無かった民族の誇りと、それを支えたであろうこの地域の伝承文化への理解を深めたい」

〔平成19年　ヨーロッパ諸国ご訪問に際しての記者会見〕

2月2日　復興への理解

「水や電気はいつごろ戻りましたか」

〔日経新聞　平成26年7月24日　東日本大震災の被災地を訪問されて〕

2月3日　親としての願い

「静かに、すこやかに育てたいということです」

〔昭和39年　浩宮さま（現・天皇陛下）4歳の誕生日を前に〕

2月4日

家族の気持ち

立春

「どちらかというと遠くから見守っていてくれます。節度を保っていきたいという家族の気持ちは、寂しくても大切にしなくてはなりません」

［昭和61年　お誕生日に際して］

episode

昭和61年3月、美智子さまは51歳のときに子宮筋腫の手術を受けられた。同年10月の記者会見では、入院中に当時17歳であった紀宮さま（現・黒田清子さん）がお世話したことを語られた。記者から「ご両親や兄弟と水入らずでお会いになる機会はありますか」と問われると、「私のほうから皆に尽くすことができないことを心苦しく思うこともございます」と話されつつ、右のように述べられた。

昭和61年、退院された美智子さまを出迎える皇太子さま（現・上皇さま）、紀宮さま（現・黒田清子さん）、礼宮さま（現・皇嗣さま）。

Column 入院生活

昭和61年３月、子宮筋腫の手術のために17日間の入院生活を送られた美智子さま。退院された日には、お出迎えになられた皇太子さま（現・上皇さま）の胸に顔をうずめ、皇太子さまがやさしくいたわった。

2月5日　息子へ一言

「成人になったら毎日こうですか」

〔昭和55年2月　ご家族での朝食の際、浩宮さま（現・天皇陛下）に〕

2月6日　家族へのお土産

「来るとき、浩宮が『マレーシアの陸ガメを見てきてほしい』といっていたのですが、ラーマン首相から二匹の陸ガメをもらいました。これは大喜びのことでしょう」

〔昭和45年2月26日　マレーシア、シンガポール出発に先立ち同行記者団と〕

2月7日　言葉の大切さ

「できるだけ動作で遊んでしまわず、要求を口でいわせるようにしてください」

〔松崎敏弥『皇太子・美智子さまのご教育法』（昭和58年、ＫＫロングセラーズ）〕

昭和35年、訪米前に浩宮さま（現・天皇陛下）との時間を過ごされる皇太子さま（現・上皇さま）と美智子さま。写真：宮内庁提供。

Column 美智子さまの教育方法

美智子さまが浩宮さま（現・天皇陛下）をご出産されたとき、養育係を配置せず、自らの手で育てられた。ご公務で家を空ける際は、教育方法をノートにまとめて侍従職らに共有されていた。

2月8日　家を空ける間に

「風邪さえ引かなければと思います」

［昭和39年　タイご訪問に際しての記者会見。日本に残る浩宮さま（現・天皇陛下）について］

2月9日　影の功労者たちへ

「高所で働く人の多いこの大工事が、大きな事故もなく終了したことに安堵と誇りを覚えます」

［平成24年　お誕生日に際して。スカイツリーの完成について］

2月10日　これまでの道のり

「私はいつも
自分の足りない点を
まわりの人々に
許していただいて
ここまで来たのよ」

〔平成5年　皇太子さま（現・天皇陛下）
婚約決定後の記者会見の後、雅子さまへ伝えられたこと〕

平成5年、皇太子さま（現・天皇陛下）と雅子さまのご結婚に際し、写真に写られる天皇陛下（現・上皇さま）と美智子さま。

2月11日　愛する人の容態を思い

「病院に通う道々、時として同じ道を行く人々の健康体を
まぶしいように見つめていたあの頃の自分のように、
今日も身近な人の容態を気遣う大勢の人々のあることを思い、
現代のすぐれた医学の恩恵が、
どうか一人でも多くの人の享受するものであるよう、
願わずにはいられません」

〔平成15年　お誕生日に際して〕

2月12日　同情する資格はない

「気の毒な方に対して
私たちは同情する資格はございません。
あまりにも知らなさすぎます」

〔『女性自身』昭和44年4月14日号〕

2月13日　見守ってくれた両親

「自分から気がついて
勉強するようになった高校、大学時代まで、
黙って見守っていてくれました」

［昭和46年　お誕生日に際して］

2月14日　大きな愛を受け止めて

「ぜんぜん知らない世界に
愛情だけで飛び込んでいくということは、
女性としては、だれでもとても心配なことだわ」

［『女性自身』昭和44年4月14日号］

2月15日　お子さまたちへの希望

「今持っている謙虚さと
明るくて楽しい性格を失わずに、
1つ1つ新しい世界を開いて
いってほしいと望んでいます」

〔昭和57年　お誕生日に際して〕

2月16日　一般の生活を見て

「団地の生活は
うるおいがないと思っていましたが、
手芸の講習会など開かれていて楽しそうでした」

〔昭和35年　訪米に際しての宮内記者会〕

2月17日　あの日の祝福

「もう45年以前のことになりますが、私は今でも、昭和34年のご成婚の日のお馬車の列で、沿道の人々から受けた温かい祝福を、感謝とともに思い返すことがよくあります」

〔平成16年　お誕生日に際して〕

2月18日　皇室に入っての苦労

「いろいろな方からお尋ねがあるのでございますけれども、私にはこの結婚の経験しかないので、とくに苦労が多いのかどうか比べることができないのです」

〔昭和59年　ご結婚25周年に際しての記者会見〕

雨水

2月19日

家族は宝物

「ありがとう。うちにまたひとつ宝物が増えました……」

〔松崎敏弥『毎日読みたい美智子さま』（平成27年、光文社）〕

episode

30年以上にわたり、美智子さまの公務などで着用する洋服のデザインを務めていたファッションデザイナーの故・植田いつ子さん。平成2年、礼宮さま（現・皇嗣さま）と紀子さまのご結婚に際し、植田さんが美智子さまへお祝いの気持ちを伝えたところ、新しい家族という存在に対して「宝物」という言葉を用いて右のように述べられた。

平成２年、秋篠宮ご夫妻のご結婚に際し、一緒に記念撮影をする天皇陛下（現・上皇さま）と美智子さま。

Column 礼宮さま（現・皇嗣さま）

昭和40年11月30日、皇太子さま（現・上皇さま）と美智子さまの次男としてお生まれになった礼宮さま。礼宮さまの出産は、天皇家ではじめて麻酔による無痛分娩で行われた。

2月20日　深く日本を知る

「訪問の準備として学ぶことは、往々にして日本を更に深く知ることとつながり、うれしいことに思います」

［平成12年　オランダ、スウェーデンご訪問に際しての記者会見］

平成12年、訪問先のスウェーデン・ストックホルムの王立劇場で、集まった人たちに手を振って応える美智子さまとシルヴィア王妃。

2月21日　支え合った50年

「陛下が誠実で謙虚な方でいらっしゃり、また常に寛容でいらしたことが、私がおそばで50年を過ごしてこられた何よりの支えであったと思います」

〔平成21年　天皇皇后両陛下御結婚満50年に際しての記者会見〕

2月22日　二人の兄がいるので

「幼い紀宮のために、とくに子守歌の録音テープなどを残しておくようなことはしません」

〔昭和45年　マレーシア、シンガポールご訪問に際しての記者会見〕

2月23日　成年になる子へ

「すがやかに明るく生きていってほしい」

［昭和54年　夏の定例会見］

episode

昭和54年、翌年に成年式を控えられていた浩宮さま（現・天皇陛下）の「これから」について記者から問われた美智子さま。「今まで以上にたくさんの希望や期待が寄せられることになると思います」と述べられ、右のように続けられた。家庭内の「意見の食い違い」を聞かれると、「私は皇族として育った者ではございませんし、これは殿下に教えていただかなければわからないこと」と話された。

昭和35年、誕生50日を迎えた浩宮さまを抱く美智子さまとそのご様子を見守る皇太子さま（現・上皇さま）。写真：宮内庁提供。

Column 浩宮さま（現・天皇陛下）

昭和35年２月23日、皇太子さま（現・上皇さま）と美智子さまの長男としてお生まれになった浩宮さま。美智子さまが教育方法をまとめたノートは「ナルちゃん憲法」と呼ばれて話題になった。

2月24日　鋭い質問

「くまモンはお一人なの?」

〔朝日新聞　平成28年4月28日〕

2月25日　ブラジルの思い出

「各地でブラジル国民の温かい歓迎を受け、また、笠戸丸以来次々と海を渡った日系の方々とお会いした経験は、それに数年先立つハワイ、北米での経験とあいまって、私がその後の生活の中で海外の日系社会に心を寄せていく上での大きな基盤になりました」

〔平成9年　ブラジル・アルゼンチンご訪問に際しての記者会見〕

2月26日　幼き孫への思い

「悠仁はまだ本当に小さいのですから、今はただ、両親や姉たち、周囲の人々の保護と愛情を受け、健やかに日々を送ってほしいと願うばかりです」

〔平成8年　お誕生日に際して〕

2月27日　過程を見せる

「（浩宮が）まだ小さい時に、手を引いて大膳で料理を作っているところをわざわざ見せにいったこともあります」

［昭和39年　お誕生日に際して］

2月28日　我が子に教えられる

「小さいころは、いろいろ注意を与えて送り出していたのが、このころは、帰って来た子どもたちからいろいろ教えられている自分に気がついて、本当に時の流れを感じます」

［昭和56年　夏の定例会見］

2月29日　どのような環境でも

「少しぐらい不自由な生活の中でも、子供たちが伸び伸びと育っていくことはできると思っています」

［平成14年　ポーランド・ハンガリーご訪問に際しての記者会見］

Column 2

自ら気がつくまで黙って見守る

強制はしないという教育

浩宮さま（現・天皇陛下）は学習院初等科の低学年のころ、あまりよい成績ではなかったという。美智子さまは、「ナルちゃんの通信簿は、あんまり人にお話しするほどではないの。まだ、学科に対して興味がわくところまではいってないのね」と話された。

かくいう美智子さまご自身も、中学時代は勉強が好きではなかったそうだ。昭和46年、美智子さま37歳の誕生日を前にした記者会見では、父から勉強するように強くいわれなかったとし、自ら気がつくまでご両親は見守ってくれていたことにも触れられた。また、「子どもたちを常に見守っていてあげられるのは、家庭が第一だと思うのです」とも述べられた。

そんなご両親のまなざしを受けて育った美智子さま。浩宮さまにも勉強を強制することはなく、黙ってあたたかく見守られていた。その後、浩宮さまは歴史学に興味を持つようになっていった。

昭和46年、11歳の誕生日を迎えられた浩宮さま（現・天皇陛下）と美智子さま。一緒に『奥の細道』を読まれている。写真：宮内庁提供。

3月1日　やすらぎのなかで

「今上陛下が、いつも本当に広いお心で
ありのままの私を受け容れて下さいましたので、
そのやすらぎの中で導かれ、
育てられて来たように思います」

［平成元年　天皇陛下ご即位に際しての記者会見］

episode

昭和天皇が崩御された昭和64年1月7日、政府は新しい元号を「平成」とすることを公布し、翌日の1月8日から施行することを発表した。これに伴い、平成元年8月4日、天皇皇后両陛下（現・上皇さまと美智子さま）は皇居宮殿「石橋の間」にて約40分間、ご即位に際しての記者会見を開かれた。そのなかで美智子さまは、天皇陛下への感謝を右のように述べられた。

3月2日　母として願うこと

「アドヴァイスという程のことはしておりませんが、どのような形ででも、子供達の役に立てることがあれば、うれしく思います」

〔平成4年　お誕生日に際して〕

平成5年、葉山御用邸裏の海岸を散策する天皇陛下（現・上皇さま）、美智子さま、皇太子さま（現・天皇陛下）、秋篠宮ご夫妻。

3月3日　これからの楽しみ

「読み出すとつい夢中になるため、これまで出来るだけ遠ざけていた探偵小説も、もう安心して手許に置けます。ジーヴスも2、3冊待機しています」

［平成30年　お誕生日に際して］

3月4日　慎ましく

「皇后陛下のお使いになったものはないでしょうか」

［朝日新聞　昭和34年3月24日　結婚式で身につける十二単について］

啓蟄

3月5日

白樺に託して

「この白樺をわたくしだと思ってください」

〔浜尾 実『美智子さま 心にひびく愛の言葉』（平成13年、青春出版社）〕

episode

皇室には「お印」というものがある。身の回りの品などに用いられる、いわゆるシンボルマークだ。昭和34年、美智子さまのお印は皇太子さま（現・上皇さま）と出会われた軽井沢にちなみ、「白樺」に決まった。美智子さまはそんな〝思い出の地〟である軽井沢から白樺の苗を取り寄せ、生まれ育った正田家の庭に自らの手で植樹されると、右の言葉を残された。

昭和38年、日光のご旅行に際し、学習院光徳小屋近くの白樺林を散策する皇太子さま（現・上皇さま）と美智子さま。

Column お印

お印は皇族の一人ひとりに決められており、樹木や花が多い。美智子さまは白樺だが、上皇さまは漢字一文字で「榮」。天皇陛下は「梓」、雅子さまは「ハナマス」である。

3月6日　歴史を乗り越え

「4カ国がそれぞれの国の違い、過去の歴史を乗り越えて、いっしょに手を携えていこうとしていることに強い印象を受けました」

〔朝日新聞　昭和60年6月14日〕

episode

昭和60年6月、皇太子さま（現・上皇さま）と美智子さまはスウェーデン、デンマーク、ノルウェー、フィンランドの4カ国を訪問された。北欧は長い歴史のなかで覇権を巡って争いを繰り返してきた地域でもある。特にデンマークは北欧のなかで最も強大で、ほかの三国を従えていた時期もあった。こうした歴史的な経緯を踏まえて、美智子さまは右のように述べられた。

3月7日　皇室の若い世代へ

「今はただ、皆ができるだけ人生を静かな目で見、穏やかに、すこやかに、歩いていってほしいという願いを伝えたいと思います」

〔平成16年　お誕生日に際して〕

3月8日　震災での人々の振る舞いに対して

「一時味わった深い絶望感から、少しずつでも私を立ち直らせたものがあったとすれば、それはあの日以来、次第に誰の目にも見えて来た、人々の健気で沈着な振る舞いでした」

〔平成23年　お誕生日に際して〕

3月9日　震災を経験した幼子へのエール

「強かったね。怖かった？　えらいこと！　よく我慢してきたわね」

〔平成23年4月　茨城県北茨城市の避難所にて『週刊朝日』平成24年11月2日号〕

3月10日　冗談まじりの回答

「こんなに太っているんですもの。雲の上の人になろうと思っても、きっと、おっこっちゃうわ」

［毎日新聞　昭和33年11月27日］

episode

皇太子さま（現・上皇さま）と美智子さまの婚約が発表される前、記者の取材に対してユーモアをまじえて右のように述べられた。しかし、この言葉とは裏腹に、当時の美智子さまは引き締まったお顔立ちをされている。普段からテニスを楽しまれたり、婚約に際しての記者会見では趣味のひとつとして「お散歩」を挙げたりと、体を動かす健康的な生活を送られていた。

3月11日　お手玉で

「遊んでね、たくさん」

［平成23年3月　被災者を慰問した東京武道館にて『AERA』平成23年4月11日号］

3月12日　福祉への関心

「重度障害者自身が自立を目ざして経営し、働く、日本で初めての福祉工場『太陽の家』が別府で発足したのは、（昭和39年の）東京パラリンピックの翌年のことです。昭和40年代に入ると、海外で行われるスポーツの国際大会に日本の障害者が参加する機会も次第に増え、帰国した人々が、新しい経験を目を輝かせて話してくれるのを聞くのが楽しみでした」

［平成13年　お誕生日に際して］

3月13日　ウエーブをつなぐ

「子供たちが、
心配そうにこちらを
見ておりましたので、
どうかしてこれを
つなげなければと思い、
陛下のお許しを
頂いて加わりました」

［平成10年　お誕生日に際して］

平成10年、長野オリンピックのアイススレッジスピードレース女子、男子1000メートルの競技が行われた会場に訪れ、観客がつなぐウエーブに加わる美智子さまと、微笑む天皇陛下（現・上皇さま）。

3月14日　国民を思い

「災害ボランティアナースの始動状況は、どのような具合ですか」

〔平成23年　東日本大震災後　『週刊朝日』平成24年11月2日号〕

3月15日　東日本大震災に対して

「こうした不条理は決してたやすく受け止められるものではなく、当初は、ともすれば希望を失い、無力感にとらわれがちになる自分と戦うところから始めねばなりませんでした」

〔平成23年　お誕生日に際して〕

3月16日　子を思う母の視点

「粉ミルク？　硬水じゃないお水はちゃんと手に入る？」

〔平成23年3月　被災者を慰問した東京武道館にて　『AERA』平成23年4月11日号〕

平成17年、ご結婚前の紀宮さま（現・黒田清子さん）と天皇陛下（現・上皇さま）、美智子さま。

3月17日　巣立つ娘に贈る言葉

「その日の朝、心に浮かぶことを清子に告げたいと思いますが、私の母がそうであったように、私も何も言えないかもしれません」

［平成17年　お誕生日に際して］

3月18日　障害を乗り越えた少女へ

「これなら大丈夫ね。ずいぶんがんばったのね」

［朝日新聞　昭和53年6月20日　ブラジル訪問で11年ぶりに再会した小児マヒを乗り越えた女性に対して］

3月19日　東宮仮御所の庭の散策中に

「ヤマグワの実を取って掌にのせていただいた」

［昭和59年　ご結婚25周年に際しての記者会見］

春分

3月20日

優しい自己紹介

「美智子です」

［平成17年　国立療養所にて　『週刊朝日』平成20年10月31日号］

episode

平成17年10月、岡山県瀬戸内市にある国立療養所2カ所を訪問され、ハンセン病患者のお見舞いをされた天皇陛下（現・上皇さま）と美智子さま。その際、目の見えない入所者の耳元に顔を近づけ、優しく右の言葉をささやかれた。同年12月には障害者週間にちなみ、天皇陛下と美智子さまは東京都足立区にある身体障害者通所授産施設（現・生活介護事業所）「足立あかしあ園」を訪問された。

平成17年、東京都足立区にある身体障害者通所授産施設（現・生活介護事業所）「足立あかしあ園」を訪問された美智子さま。

Column 障害者週間

毎年、障害者週間・こどもの日・敬老の日の前後に、天皇陛下（現・上皇さま）と美智子さまは障害者・幼児・高齢者のための施設などを訪問されている。

3月21日　地域住民の優しさ

「(熊本の地域の人について) 小学校の周辺を石垣ではなくて生垣で守っていこうというような、そういう温かい形で表れていたことを大変うれしく思いました」

〔昭和61年　お誕生日に際して〕

3月22日　クラリネットの音色

「ベニー・グッドマンの『メモリーズ・オブ・ユー』を吹いてくださったことも、懐かしく思い出されます」

〔平成18年　シンガポール・タイご訪問に際しての記者会見〕

3月23日　隠せぬ夫婦げんか

「あら、分かりますか?」

〔ご友人が御所を訪れた際に　河原敏明『美智子さまのおことば 愛の喜び・苦悩の日々』(平成3年、ネスコ)〕

3月24日　孫たちへのまなざし

「今、また祖母という新しい立場から、
幼い者同士が遊んだり
世話しあったりする姿を見つめる喜びにも、
格別なものがあるということは申せると思います」

［平成19年　お誕生日に際して］

3月25日　多くの人との触れ合い

「人の目というのは、
大変といえば大変かもしれませんが、
一方で励ましという意味にも取れるのです」

［昭和58年　お誕生日に際して］

3月26日　美しい景色とともに

「本当に楽しい2日間でした。両陛下がわざわざオスロからいらして、ともに旅をして、美しいフィヨルドの景色とともによい思い出になると思いました」

〔昭和60年6月　ノルウェーにて〕

3月27日　国民との接点

「日本にふさわしい形で、国民と皇室との間の親しみがはぐくまれていくことを願っております」

〔平成12年　オランダ・スウェーデンご訪問に際しての記者会見〕

3月28日　立派な大人へ

「（浩宮さまを）叱らなくてはいけないときは、ちゃんと叱ってください」

〔浜尾 実『美智子さま 心にひびく愛の言葉』（平成12年、青春出版社）〕

3月29日　ときには辛いことも

「むずかしいと思うこともたくさんあるし、辛いこともあります。いつになったら慣れるのか見当もつきません」

〔昭和35年　訪米に際して〕

3月30日　感銘を受ける

「障害を持った人達自身が心の悩みを抱えながら一生懸命に生きている姿に感銘を受けます」

〔昭和56年　お誕生日に際して〕

3月31日　本を届ける

「手もとにある本を二冊ずつ送りますね」

［平成23年　東日本大震災後　『週刊朝日』平成24年11月2日号］

episode

東日本大震災後、美智子さまが長年交流のある編集者の末盛千枝子さんに電話で伝えたお言葉。末盛さんは、平成4年『どうぶつたち――THE ANIMALS』（すえもりブックス）の出版に際し、まど・みちおさんの詩を英訳された美智子さまと交流を深めた。平成22年には岩手県八幡平市に移住。1年も経たないうちに東日本大震災に遭い、被災地の子どもたちに絵本を届ける「3・11絵本プロジェクトいわて」に取り組んだ人物だ。電話で末盛さんが、被災地の状況やプロジェクトについて伝えると、美智子さまは右のように話され、三度にわたり末盛さんに本をお送りになられた。

平成23年、東日本大震災で被災した宮城県南三陸町の歌津地区に向かい、深く黙礼する天皇陛下（現・上皇さま）と美智子さま。

Column 絵本

美智子さまはこれまでに数冊の絵本を手掛けている。『はじめての やまのぼり』（至光社）では、幼き紀宮さま（現・黒田清子さん）との思い出をもとにつづられている。

Column 3

愛情たっぷりに自らの手で子育てをされた

時には厳しくしつけをなさることも

上皇さまと美智子さまは、天皇家史上はじめてお子様を自らの手で育てられた。公務などで忙しい天皇家では、お子様が３歳３カ月になったら親元を離れて侍従の養育係の手によって育てられることが決まっており、当の上皇さまもそうであった。しかし、お二人は「できることは自らの手で」というお考えのもとに、３人のお子様を愛情たっぷりに育てられたのだ。

長男の浩宮さまが生まれてすぐ、ご一家が住まわれる東宮御所が完成した。設計の段階から、子供部屋の床は転んでも痛くないようにラバー製に、壁はいたずら描きができるようにビニール製に、小さくてもキッチンを要望されるなど、お子様を思っての住まいづくりがなされていた。食事は専任の調理人がつくるため、本来であればキッチンは不要だが、できる限りお子様のお弁当や公務で夜遅くなった上皇さまへ夜食をつくられることを美智子さまは希望されたのだ。

お二人は愛情たっぷりに３人のお子様を育てられたが、時には厳しくされることもあった。そのひとつに食べ物の好き嫌いをなくすために、出されたものを全部食べ終わらない限り食堂から出さないことも。さらには、浩宮さまが幼いころ、食事はすべて魔法のようにして出来上がっているものではないということを教えられるため、浩宮さまの手を引いて大膳で料理を作っているところを見せたこともあるという。

すべて愛情あふれる子育てだった。

4月1日　体験を与える

「(浩宮に)リンゴは赤い丸いものだというこをわからせるために、お盆に丸ごと出したり、根っこのついている野菜を見せるなど実物に触れさせるようにしています」

〔朝日新聞　昭和39年2月20日〕

4月2日　見守る気持ち

「過保護にならないように」

〔朝日新聞　昭和42年10月20日　礼宮さま(現・皇嗣さま)の教育方針について〕

4月3日　家族を受け入れる

「その人が、仮に一時それにふさわしくなくても受け入れるところが家庭なのではないかと今もそう思っております」

［昭和59年　ご結婚25周年に際しての記者会見］

episode

昭和59年、皇太子さま（現・上皇さま）と美智子さまは、ご結婚25周年を迎えられた。その際の記者会見で美智子さまは右のように述べられた。記者から今後の抱負を質問されると、美智子さまは「（昭和天皇・香淳皇后の）ご成婚60年のお祈りの折に、陛下が皇后陛下のことにお触れになって、常に明るく陛下をお支えになったとのお言葉がたいそう感慨深うございました。私も今はまだできませんけれども、いつか遠い先になって、東宮様にそのようにおっしゃっていただけるようにこれからの日々をつとめたいと思います」と述べられた。

昭和59年、銀婚式を迎えて記者会見を行う皇太子さま（現・上皇さま）と美智子さま。

Column 銀婚式

皇太子さま（現・上皇さま）と美智子さまは銀婚式を迎えられた際、東宮御所にて記者会見を行われた。会見で皇太子さまは美智子さまに「努力賞」を、美智子さまは皇太子さまに「感謝状」を贈られた。

清明

4月4日

信念に忠実に

「カソリックの教えはよくわかります。だけどやはり自分の内心に忠実でありたい」

〔河原敏明『美智子さまのおことば 愛の喜び・苦悩の日々』(平成3年、ネスコ)〕

episode

美智子さまは中等科から大学まで聖心女子学院に通われた。同校はカトリック系の学校だったため、何度か入信を進められていたようだ。しかし、右の言葉のように、ご自身の内心に忠実でありたいとの理由から、入信されなかった。皇太子さま(現・上皇さま)の結婚を決める皇室会議で宗教について話が出たときには、当時の宮内庁長官が「美智子嬢は洗礼を受けていません」と述べたという。

昭和36年、聖心女子大学のクラス会に出席された美智子さま。

Column 聖心女子学院

大正５年に私立聖心女学院高等専門学校（英文科）を開校。その32年後、聖心女子大学を開学。美智子さまは大学在学中に中学・高校の英語教員免許を取得し、昭和32年にご卒業されている。

4月5日　旅での発見

「（浩宮は）今度の旅行では自分の知らない面を発見したのでは。まだまだ自分の知らない点があったと」

［昭和51年　お誕生日に際して］

4月6日　親友への打ち明け話

「一から十まで教えていただくことばかり、とても頭がまわらない」

［河原敏明『美智子さまのおことば 愛の喜び・苦悩の日々』（平成3年、ネスコ）］

4月7日　苦悩も糧に

「（結婚にあたって）私は修養不足なので、悩むことを期待される立場はちょっと辛いな、などと心のすみっこでいけないことを感じてしまったのですが」

［毎日新聞　昭和34年4月10日］

4月8日　自らの手で

「赤ちゃんは母乳で、おむつの取り替えも産着の着せ替えも、母親のすることはすべて自分でやるつもりです」

〔河原敏明『美智子さまのおことば 愛の喜び・苦悩の日々』（平成3年、ネスコ）〕

4月9日　両親からの深い愛

「嫁ぐ朝の母の無言の抱擁の思い出と共に、同じ朝『陛下と殿下の御心に添って生きるように』と諭してくれた父の言葉は、私にとり常に励ましであり指針でした」

〔平成26年　お誕生日に際して〕

4月10日　晴れの日を思い出し

「今でも深い感謝のうちに、昭和34年の御成婚の日のお馬車の列で、また、9年前の陛下の御即位の日の御列で、人々から受けた祝福をよく思い出します」

［平成11年　天皇陛下ご即位十年に際しての記者会見］

episode

平成11年、天皇陛下（現・上皇さま）がご即位10年を迎えられた際、右のように述べられた美智子さま。「二度の旅立ちを、祝福を込めて見立ててくださった大勢の方々の温かいお気持ちに報いたいと思いつつ、今日までの月日が経ちました」「至らぬことが多うございましたが、これからも陛下のおそばで人々の幸せを願いつつ、務めを果たしていきたい」と感想を述べられた。

平成11年、天皇陛下（現・上皇さま）ご即位10年に際しての記者会見で感想を述べられる美智子さま。

Column 祝賀パレード

平成２年11月12日、天皇陛下（現・上皇さま）の即位に際し、即位礼正殿の儀が行われた。その後、祝賀御列の儀（パレード）が行われ、皇居から赤坂御所までの沿道に約12万人が祝福に集まった。

4月11日　愛ある厳しさ

「自分の投げたものは自分で拾いに行かせて」

〔昭和35年　「ナルちゃん憲法」の一文　朝日新聞　平成元年1月10日〕

4月12日　孫（愛子さま）と一緒にいて

「周囲の人の一寸した言葉の表現や、話している語の響きなど、『これはおもしろがっているな』と思ってそっと見ると、あちらも笑いを含んだ目をこちらに向けていて、そのような時、とても幸せな気持ちになります」

〔平成20年　お誕生日に際して〕

4月13日　お子様方への注文

「人も自分も大切にして、善良に健やかに生きていってほしいと思います」

〔昭和55年　お誕生日に際して〕

4月14日　点数を超えるもの

「私もお点ではなく、差し上げるとしたら『感謝状』を」

［昭和59年　ご結婚25周年に際しての記者会見］

episode

昭和59年4月、皇太子さま（現・上皇さま）と美智子さまは、ご結婚25年を迎えられた。その際の記者会見にて、皇太子さまは「点をつけるということはむずかしいけれども、まあ、努力賞というようなことにしようかと思っています」と、ほほ笑みながら述べられた。これに対して美智子さまは、皇太子さまへ向けて右の言葉をかけられた。

4月15日　国内外を訪問して

「方々にお供ができて、同じ思い出をたくさん分け持たせていただいて幸せでした」

〔昭和59年　ご結婚25周年に際しての記者会見〕

昭和59年、軽井沢でご静養の皇太子（現・上皇さま）ご一家。左から皇太子さま、美智子さま、浩宮さま（現・天皇陛下）、礼宮さま（現・皇嗣さま）、紀宮さま（現・黒田清子さん）。紀州犬は紀宮さまの「千代」。

4月16日　結論を出す

「結論が出ないから外国へ行っていたのですから」

［昭和59年　ご結婚25周年に際しての記者会見。ご婚約発表前にヨーロッパへ旅行されたことについて］

4月17日　子育てを終えて

「私どもはやがて、それぞれの子どもの成年を祝い、結婚し独立していくのを見送りました」

［平成22年　お誕生日に際して］

4月18日　我が子を見守る

「子どもたちを常に見守っていてあげられるのは、家庭が第一だと思うのです」

［昭和46年　お誕生日に際して］

穀雨

4月19日

ベストを尽くす

「全然知らないところへ一人で飛び込んでベストを尽くそうと思うわ」

［毎日新聞　昭和34年4月10日］

episode

昭和33年11月27日に開催された皇室会議において、正式に皇太子妃に決まった美智子さま。その後、皇太子妃教育に励むなかで、大学時代からのご友人に話されたのが右の言葉だ。懸命に学ばれる美智子さまのお姿を見たご友人は「自らの心配事が小さなものに見えてくるほどだった」と述べている。また、女官たちと親しくなれるよう励まれた。

昭和33年11月28日、前日の皇室会議にて皇太子妃に決まった正田美智子さんと両親の正田英三郎さん、富美さん夫妻。皇太子さま（現・上皇さま）にお会いするため、東京都渋谷区の東宮仮御所を訪問されたときの様子。

Column 皇太子妃教育

皇太子妃になるための教育を受けること。学問から芸術、道徳、所作、憲法などさまざまな分野において３カ月間の特訓を積む。和歌を一日一首詠む「百日の行」も行う。

4月20日　ともに歩み50年

「陛下が日々真摯に取るべき道を求め、指し示してくださいましたので今日までご一緒に歩くことができました」

〔朝日新聞　平成21年4月10日〕

平成21年、ご結婚50年の祝賀にて、皇宮警察音楽隊の演奏を鑑賞される天皇陛下（現・上皇さま）と美智子さま。

4月21日　結婚の理想

「私はこれまで私なりに結婚の理想や、理想の男性像というものをもってきました」

〔『週刊朝日』昭和46年4月5日号〕

4月22日　子の幸せを望む

「子どもを育てるのは人間の心が中心になるので、何よりもまず本人の幸せを望みたい」

〔昭和35年　アメリカご訪問に際しての記者会見〕

4月23日　殿下のお導き

「殿下のお導きがなかったら、私は何もできませんでしたし、東宮さまのご指示とお手本がなかったら、どうして子どもを育てていいかもわかりませんでした」

〔昭和59年　ご結婚25周年に際しての記者会見〕

昭和46年、東宮御所の庭で砂遊びをする礼宮さま（現・皇嗣さま）、紀宮さま（現・黒田清子さん）と見守る皇太子さま（現・上皇さま）と美智子さま。

4月24日　深い愛情と忍耐

「一番大切なのは、
両親が子どもの個性や発達の型をみきわめて、
深い愛情と忍耐で子どもの心を大事に育てることだと思います」
［昭和35年　アメリカご訪問に際しての記者会見］

4月25日　若い母親たちを思って

「若いお母様方は、やはり私共の多くもそうであったように、
子供以上に、緊張しておられたのでしょうか」
［平成2年　東京都千代田区立番町幼稚園創立100周年記念式典に際して］

4月26日　安らぎのある家庭

「陛下が、今までにも増して重い責務を果たしていらっしゃるのですから、
日々のお疲れをいやす安らぎのある家庭を作っていきたいと願っています」
［平成元年　天皇陛下ご即位に際しての記者会見］

4月27日　好きなおかずを

「旅行の期間中に
幼稚園のお弁当が
始まりますが、
一番始めの時は
好きなものを
入れるようにして
あげたいと思います」

［昭和39年　メキシコご訪問に際しての記者会見］

昭和39年、メキシコから帰国された皇太子さま（現・上皇さま）と美智子さま。お二人を出迎え、バラの花を贈った浩宮さま（現・天皇陛下）。

4月28日　改めて感謝状を

「この度も私はやはり感謝状を、何かこれだけでは足りないような気持ちがいたしますが、心を込めて感謝状をお贈り申し上げます」

［平成21年　天皇皇后両陛下御結婚満50年に際しての記者会見］

4月29日　苦楽の50年

「50年前、普通の家庭から皇室という新しい環境に入りましたとき、不安と心細さで心が一杯でございました」

［平成21年　天皇皇后両陛下御結婚満50年に際しての記者会見］

4月30日　夢のような日

「今日こうして陛下のおそばで、金婚の日を迎えられることを、本当に夢のように思います」

［平成21年　天皇皇后両陛下御結婚満50年に際しての記者会見］

Column 4

皇太子さまの熱い思いに固く決心された美智子さま

身分の違いを乗り越えて

昭和34年４月10日、皇太子さま（現・上皇さま）と美智子さまの「結婚の儀」が行われた。

当時は「皇室」と「民間」という身分の違いから、皇太子さまからのプロポーズを辞退されていた美智子さま。また、皇太子さまが宮内庁に「正田美智子さんを候補の一人として検討してみてください」と申し出るも、香淳皇后をはじめ皇室内でも反対があり、国会でも「象徴となるべき人が自分のしたいことをするようでは、国民の尊敬と崇拝を得ることはできない」という趣旨の答弁がなされるほどに。

それでも皇太子さまは根気強く電話で説得され、その熱い思いに美智子さまも心を動かされたのであった。

平成21年のご結婚満50年の記者会見で、記者から「どのようなお言葉でプロポーズをされたのか」と問われると、天皇陛下（現・上皇さま）は、「プロポーズの言葉として一言で言えるようなものではなかったと思います」としつつ、「何回も電話で話し合いをし、私が皇太子としての務めを果たしていく上で、その務めを理解し、支えてくれる人がどうしても必要であることを話しました。承諾してくれたときは本当にうれしかったことを思い出します」と語られた。

結婚当時24歳だった美智子さまは、さまざまな思いやお考えを巡らせた末に将来の天皇陛下と生涯をともにすることを決断されたのだ。

5月1日　特性を生かす

「それぞれの
立場と年令に応じ、
又、一人一人が
もっている
特性を生かし、
なすべき務めを
果たしていってほしい」

［平成8年　お誕生日に際して］

平成８年12月、お正月をお迎えになる前の天皇ご一家。天皇陛下（現・上皇さま）と美智子さま、皇太子さま（現・天皇陛下）と雅子さま、秋篠宮ご夫妻と長女の眞子さま（現・小室眞子さん）、次女の佳子さま、紀宮さま（現・黒田清子さん）。写真：宮内庁提供。

5月2日　ときには

「八方ふさがりと思うこともあります」

〔朝日新聞　昭和35年9月19日〕

5月3日　普通と特殊

「一般と何ら変わらない普通のものを身につけたうえで、皇室にふさわしい特殊なものも自然と備わるようにしていきたいと思います」

〔昭和39年　お誕生日に際して〕

5月4日　教育や医療への関心

「日本の離島や過疎地にとっても参考になるオーストラリアの無線通信教育施設、フライングドクターなどを見てきたい」

［朝日新聞　昭和48年5月2日］

episode

昭和48年5月、皇太子さま（現・上皇さま）と美智子さまは、オーストラリアとニュージーランドを訪問され、出発前の会見にて右のように語られた。広大な国土を有するオーストラリアでは、人口の点在する地域において十分な医療や教育を行き渡らせることが困難であった。そのため、そうした問題への対応策についての歴史が長い。技術が発達した今でこそオンライン授業やドクターヘリなどが普及しているが、当時では世界でも珍しかった。美智子さまは早い時期から、教育や医療、福祉などへの関心が深かったことを示していたともいえる。

立夏

5月5日

母への思い

「こちらに来てから、一度、門の前まで行ってみましたが、やはりどなたかの手で花が飾られてあり、胸がいっぱいになりました」

［昭和63年　軽井沢での記者会見］

episode

昭和63年5月、美智子さまの母・正田富美子さんが亡くなった。その3カ月後、軽井沢で行われた記者会見で、「生前、母が夏を過ごした家（別荘）の入り口に、いつもどなたかが花を差していってくださると知らされました」と話され、右のように続けられた。当時の侍従は「美智子さまは落ち着いておられたが、お気持ちは悲しい気持ちでいっぱいだっただろう」と語っている。

昭和63年5月30日、桐ヶ谷斎場から自宅に戻った故・正田富美子さんの遺骨を迎える美智子さま、浩宮さま（現・天皇陛下）、礼宮さま（現・皇嗣さま）。

Column 正田家

美智子さまのご出身。美智子さまの祖父である故・貞一郎さんは「館林製粉」（日清製粉の前身）を起業。その後、美智子さまの父である故・英三郎さんが跡を継ぎ、日清製粉グループの社長や会長を歴任した。

5月6日　愛情を育てる

「(山形の若い女性に対し)　実践を通して人の立場を理解することを学んだり、参加して、社会への温かさ、愛情を育てているという印象をもちました」

［昭和47年　夏の定例会見］

5月7日　自分の立場

「皇室の重大な決断が行われる場合、これに関わられるのは皇位の継承に連なる方々であり、その配偶者や親族であってはならない」

［平成28年　お誕生日に際して］

5月8日　道を切り拓く

「方々にぶつかっているうちに妥協ではなくて、新しい道が開けます」

［朝日新聞　昭和35年9月19日］

5月9日　謙虚になっていく

「（山形の若い女性は）ものを学ぶことによって、一人一人が傲慢ではなく、謙虚になっていく」

〔昭和47年　夏の定例会見〕

5月10日　光と影

「バラの花って、日の当たっているところもきれいだけど日の当たらない影のところもきれいなのね」

〔昭和21年ごろ　友人との会話　『女性自身』昭和40年7月19日号〕

5月11日　孫との共通点

「この頃愛子と一緒にいて、もしかしたら愛子と私は物事や事柄のおかしさの感じ方が割合と似ているのかもしれないと思うことがあります」

〔平成20年　お誕生日に際して〕

5月12日　環境の変化

「一児の母ともなると、あまり太ってもいられません」

〔昭和35年　米国ご訪問に際して〕

5月13日　相手に寄り添う

「たくさんの思い出がお母様とともにあるのね」

〔朝日新聞　平成24年5月14日　宮城県仙台市の仮設住宅にて〕

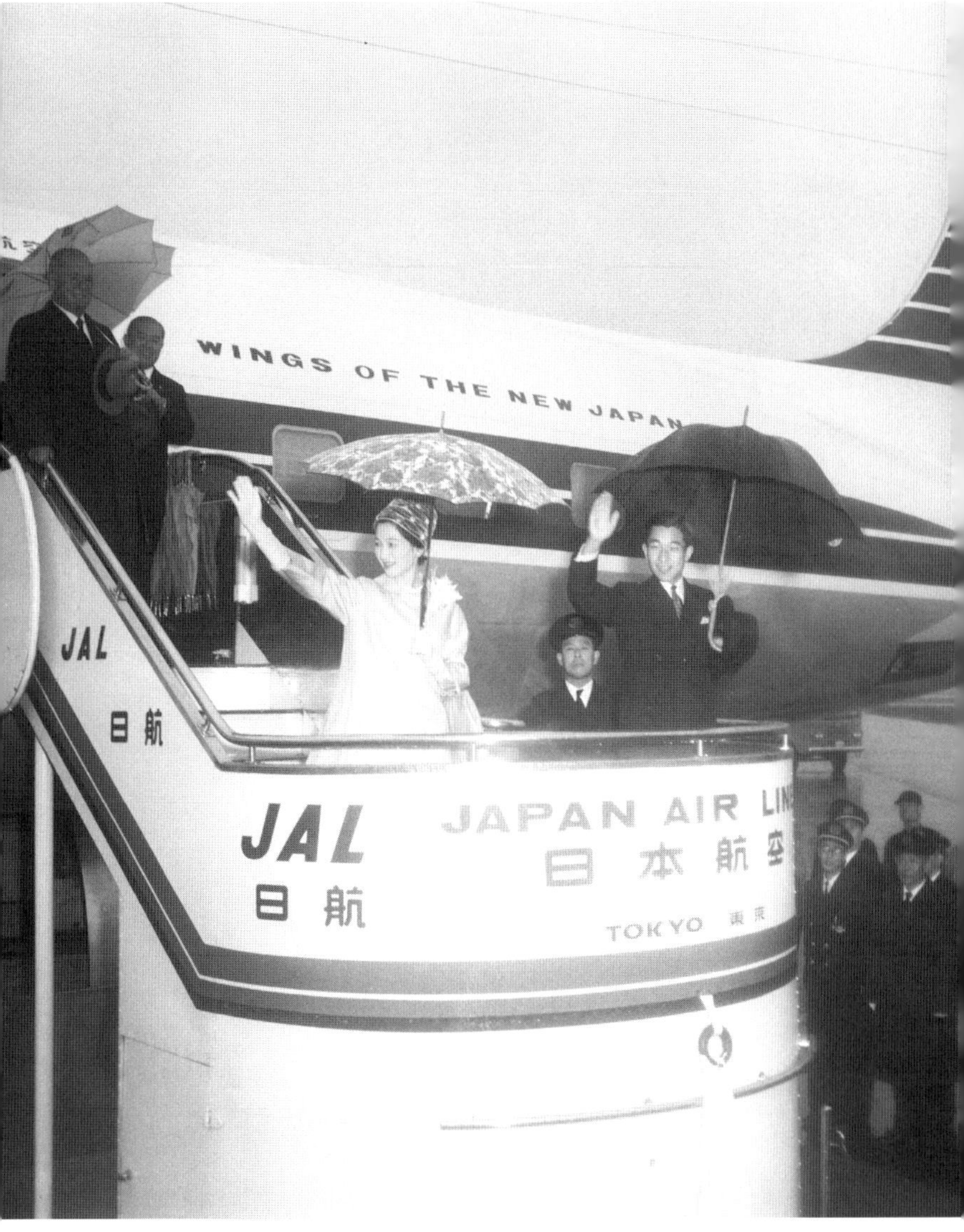

昭和35年、アイゼンハワー大統領（当時）の招きで、米国を親善訪問され、雨の羽田空港に帰国された皇太子さま（現・上皇さま）と美智子さま。

5月14日　あたたかい家庭

「温かい夜食を
殿下につくって差し上げたいの」

〔『美智子さま 愛と慈しみの40年』（平成11年、主婦と生活社）〕

5月15日　思い出の場所

「何もなにも懐しく、陛下とご一緒に思い出のある場所をたずねたり、
樅の木にかこまれた鹿島の森や泉の里の道を歩いて過ごしました」

〔平成15年　お誕生日に際して〕

5月16日　心にとめること

「皆が生きているのだという、
そういう事実をいつも心にとめて人にお会いするようにしています」

〔昭和55年　お誕生日に際して〕

5月17日　過去を荷う

「世界の国々は、その一つ一つが過去という歴史を荷いながら、より望ましい自国の将来を築くため、その時々の国の在り方を模索しつつ、道を歩んでまいりました」

〔平成5年　日本・ラテンアメリカ婦人協会20周年記念祝賀会〕

5月18日　子に習う

「浩宮の人柄のなかに、わたくしでも習いたいような美しいものを見出しています」

〔昭和49年　お誕生日に際して〕

5月19日　わが子への希望

「自分の中にもっている良いものを大切に伸ばしていってほしいと希望しています」

〔昭和60年　お誕生日に際して。まもなく成年式を迎える礼宮さま（現・皇嗣さま）について〕

小満

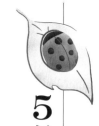

5月20日

今も残るしこり

「先の大戦のしこりの残るオランダへの旅は、私にとり難しい旅でした」

［平成12年　お誕生日に際して］

episode

平成12年、オランダとスウェーデンを訪問された天皇陛下（現・上皇さま）と美智子さま。日本とオランダの間には過去の戦争でしこりが残されていた——。太平洋戦争中、オランダの植民地だったインドネシアに日本軍が侵攻し、大勢のオランダ人が日本軍の捕虜や抑留者にされた。今なお激しい反日感情を持つオランダ国民は多く、そんななかでオランダを訪問された美智子さまは、右のように感想を述べられた。

平成12年、オランダ・ライデン市のシーボルトハウスに到着し、歓迎に手を振って応える天皇陛下（現・上皇さま）と美智子さま。

Column オランダ訪問

天皇陛下（現・上皇さま）と美智子さまは、戦没者慰霊碑で約１分間の長い黙礼を行い、穏やかな笑顔で市民と触れ合った。こうした姿で市民の心が少しずつ動き、両国の親善関係が深まった。

5月21日　成長の過程

「(礼宮が)新しい経験を通じ、少しずつ成年皇族として育っていく姿を嬉しく見て参りました」

〔昭和61年　お誕生日に際して〕

5月22日　信頼を得るために

「数しれぬ多くの方々の努力の成果に支えられ、なお一層相互の信頼を増す機会となるよう、心を尽くして務めを果たしたい」

〔平成12年　オランダ・スウェーデンご訪問に際しての記者会見〕

5月23日　靴下を編む

「白い毛糸なら、男の子でも女の子でも使えるから」

〔昭和35年　ご懐妊後の言葉　松崎敏弥『皇太子・美智子さまのご教育法』(昭和58年、ＫＫロングセラーズ)〕

5月24日　はじめての子育て

「理想的な母親だなどといわれると、穴にでも入りたい気持ちです」

〔松崎敏弥『皇太子・美智子さまのご教育法』（昭和58年、ＫＫロングセラーズ）〕

5月25日　日本の少女らしく

「（紀宮が）日本の少女らしく健康で感受性豊かに育っていく過程を、応援しながら見守っていきたいと思います」

〔昭和61年　お誕生日に際して〕

5月26日　覚えているかしら

「眞子ちゃんは紅葉山で見た色々の道具を覚えているかしら」

〔平成15年ごろ　美智子さまが眞子さま（現・小室眞子さん）に送ったお蚕さんの手紙の一文〕

5月27日　孫と会う喜び

「眞子も佳子も、小さい時から
よく両親につれられて御所に来ており、
一昨年ごろからは、両親が留守の時には、
二人だけで来ることもできるようになりました」

〔平成14年　お誕生日に際して〕

5月28日　周りとのつながり

「生まれて以来、人は自分と周囲との間に、
一つ一つ橋をかけ、人とも、物ともつながりを深め、
それを自分の世界として生きています」

〔美智子『橋をかける』（平成10年、すえもりブックス）〕

5月29日　公務の大切さ

「ヘルペスは痛うございましたが、
この訪問を果たした安堵感と喜びは大きく、
今、懐かしさと感謝の気持ちのみが残っています」

〔平成10年　英国・デンマークご訪問に際しての記者会見〕

5月30日　移住者の苦労をしのぶ

「それぞれの土地で、初期の移住者として
苦労された人々をしのび、冥福を祈ってまいりたいと思います」

〔平成9年　ブラジル・アルゼンチンご訪問に際しての記者会見〕

5月31日　食事のルール

「出されたお食事は全部いただかなければいけません」

〔『AERA』平成18年3月6日号　浩宮さま（現・天皇陛下）に対するしつけの一環でのひと言〕

Column 5

子どもたちが自由に遊べる自然を残すために

国民を思ったお金の使い道

昭和33年、宮内庁は皇太子さま（現・上皇さま）と美智子さまのご婚約を発表。翌年３月には、国民からのご結婚のお祝い金について、皇太子さまと美智子さまは「こどものための施設に使って欲しい」との意向を示された。

これを機に昭和40年５月５日、神奈川県横浜市と東京都町田市にまたがる「こどもの国」が開園した。「子どもたちが自由に遊べる自然を残したい」という美智子さまの願いどおり、約100ヘクタールという広大な敷地には雑木林をベースとした豊かな自然のなかに、たくさんの子どもの遊び場が点在する施設となった。

昭和53年にアルゼンチンの故・ビデラ大統領が来日、皇太子さまと接見した際には、「３人のお子さまにファラベラポニーをプレゼントする」と約束。翌年２頭のポニーが届くと、東宮御所での飼育は難しいことから、こどもの国にお預けになった。

平成21年12月に天皇ご一家が訪問された際には２頭のポニーと再会。ポニーが食べこぼさないよう、よだれにも構わず、天皇陛下（現・上皇さま）と美智子さまはポニーの口に手を添えてニンジンをあげられた。飼育員に対して美智子さまは「みなさんがしっかりお世話してくれているので、こんなに元気なんですね」とねぎらわれた。

6月1日　国民の功績を讃える

「苦しむ人々への思いやりと共に、優れた洞察力と見識を持つ皆様方の教育を受け、今日、多くの教え子が看護の様々な分野で活躍されていることを、心強く思います」

［平成15年　第39回フローレンス・ナイチンゲール記章授与式］

episode

平成15年6月、東京都港区にある東京プリンスホテルにて行われた「第39回フローレンス・ナイチンゲール記章授与式」でのお言葉。この記章は、国際的な功績を挙げた看護師へ赤十字国際委員会から授与される、世界最高の栄誉あるものだ。同年5月に受章者45人が発表され、そのうち3人が日本人関係者だった。この授与式に際して、日本赤十字社名誉総裁を務められる美智子さまは受章者の胸に記章をおつけになり、右の言葉が贈られた。

6月2日　自然の中で過ごす

「きれいな美しい
自然の中で
過ごすことが
いまだに
うれしくて
しょうがない
ところです」

［昭和47年　夏の定例会見。
休暇中にしたいことについて］

昭和54年、ブルガリアの観光都市バルナに到着し、民族舞踊の居酒屋で開かれたバルナ市長主催の歓迎晩餐会で民族ダンスを楽しむ皇太子さま（現・上皇さま）と美智子さま。

6月3日　**理想の協力の形**

「国々が自分達の力で道を切り開いていく時に、ともに考えていくという、そういう協力の形が見つかることが望ましいのではないかと考えております」

〔昭和59年　お誕生日に際して〕

6月4日　**日本海の景色**

「太平洋とは味わいの異なった日本海の景色を楽しみながら、この海が育ててきた文化とか、それから人々の心を思いました」

〔昭和61年　お誕生日に際して〕

芒種

6月5日

心惹かれる国々

「少女時代に接した古い伝説や物語、音楽などを通じ、かねてより心惹かれていた国々です。白夜はどんなでしょう」

［昭和60年　お誕生日に際して］

episode

昭和60年6月、美智子さまは皇太子さま（現・上皇さま）とともに北欧4カ国を訪問された。その北欧に対する思いを右のように述べられている。美智子さまが読書家であることは世界でも広く知られており、平成10年の国際児童図書評議会（IBBY）の世界大会でも、「（読書は）私に楽しみを与えてくれました。そして、その後に来る、青年期の読書のための基礎を作ってくれました」と語られている。

平成14年、スイス・バーゼル市で開催された国際児童図書評議会（IBBY）の会場に入られた美智子さま。

6月6日　「知ることができる」感謝

「奇跡のように生き残ってくださって。絵のおかげで私どもは（事件を）知ることができます」

［朝日新聞　平成26年6月28日］

episode

平成26年6月、天皇陛下（現・上皇さま）と美智子さまは、平成26年6月に沖縄県那覇市にある対馬丸記念館をご訪問。アジア太平洋戦争の最中、鹿児島県沖を航行中の学童疎開船「対馬丸」が、米軍の魚雷攻撃により沈没。対馬丸に乗船していた疎開学童を含む１４８４人が死亡した。右の言葉は、この対馬丸事件の生存者の１人である上原 清さんに向けられたものだ。上原さんは対馬丸が撃沈された後、いかだにしがみつきながら6日間も漂流し、奇跡的に奄美大島にたどり着いた。その後は悲劇を風化させないように事件の様子を絵で描き残し、語り継いでいる。

6月7日　変わらぬ気持ちで

「(即位後初の米国訪問について)前回に比べ陛下のお立場は変わりましたが、親善という目的に変わりはなく、これまでと同じ気持ちで努めたいと思っています」

［平成6年　アメリカ合衆国ご訪問に際しての記者会見］

6月8日　同じ立場としての友情

「王族皇族同士は同じ立場を生きる者として、これからも友情を分かち合っていくことができるのではないか、私どもの次の世代の人々も、きっとそうして絆《きずな》を深め合っていくのではないかと、考えています」

［平成18年　シンガポール・タイご訪問に際しての記者会見］

6月9日　自分を越えて

「3人の子どもが育つ過程で、ある日急に子どもが自分を越えていることに気付き、新鮮な喜びを味わった折々のことを今もよく思い出します」

［平成22年　お誕生日に際して］

6月10日　香淳皇后への思い

「平成の11年余、皇太后様はそのご存在により、いつも力強く私を支えていらして下さいました」

［平成12年　お誕生日に際して］

6月11日　心を尽くして

「前回の訪問から長い年月がたっていることですので、また、新しい気持ちでそれぞれの国の現況を学び、心を尽くして親善に努めてまいりたいと思っております」

〔平成9年　ブラジル・アルゼンチンご訪問に際しての記者会見〕

6月12日　浩宮さま（現・天皇陛下）の自主性を尊重する

「中学の2年ごろから
もう独立させていきましたので、今どういうことをどのようにしているのかというのは、私はあまりよくわかっておりません」

〔昭和55年　夏の定例会見〕

6月13日　読書がくれたもの

「本の中には、さまざまな悲しみが描かれており、私が、自分以外の人がどれほどに深くものを感じ、どれだけ多く傷ついているかを気づかされたのは、本を読むことによってでした」

〔平成10年　第26回国際児童図書評議会（IBBY）に際しての基調講演〕

6月14日　娘を出産する朝

「その日の朝、目に映った窓外の若葉が透き通るように美しく、今日は何か特別によいことがあるのかしら、と不思議な気持ちで見入っていたことを思い出します」

〔平成17年　お誕生日に際して〕

6月15日　赤いサンゴ草の景色

「（サロマ湖は）サンゴ草のよいときで、湖岸が赤く彩られている様は美しいものでした」

〔昭和60年　お誕生日に際して〕

昭和44年、紀宮さま（現・黒田清子さん）をあやす美智子さま。

Column ドンマインさん

紀宮さま（現・黒田清子さん）は、美智子さまが何か失敗された際によく「ドンマーイン」と声をかけ、上皇さまは紀宮さまのことを「うちのドンマインさんは……」などとおっしゃることも。

6月16日　国の象徴とは

「『象徴』の意味は、今も言葉には表し難く、
ただ、陛下が『国の象徴』
また『国民統合の象徴』としての在り方を絶えず模索され、
そのことをお考えになりつつ、それにふさわしくあろうと
努めておられたお姿の中に、常にそれを感じてきた……」

［平成21年　天皇陛下ご即位二十年に際しての記者会見］

6月17日　育ててほしい心

「(紀宮は) 木とか、花とか、鳥といつも遊んでいる。
そうした今の心というか、持っている心を
大切に育てていってほしいと思っています」

［昭和55年　お誕生日に際して］

6月18日　父を思い出して

「父らしい一生でした」

［平成11年　お誕生日に際して］

6月19日　喜びが支えになる

「意外に記憶に強く残っているのは小さいことが多いんですが、(家族として瞬間瞬間に味わうことのできた喜び)そんな喜びが、私の過去の生活の大きな支えだったと思います」

［昭和58年　お誕生日に際して］

6月20日　役割を果たす

「何よりもその時々に自分に求められることを、一つ一つ果たしたいと思っています」

［平成3年　タイ・マレーシア・インドネシアご訪問に際しての記者会見］

6月21日

胸に残るあの日

夏至

「今でもそのときのことを思い出すと、胸が温かくなります」

〔平成21年　天皇皇后両陛下御結婚満50年に際しての記者会見〕

episode

平成21年、天皇陛下（現・上皇さま）と美智子さまのご結婚満50年の記者会見に際して、記者から「夫婦としてうれしく思ったこと」を聞かれた美智子さま。「嫁いで1、2年のころ、散策にお誘いいただきました。赤坂のお庭はくもの巣が多く、陛下は道々くもの巣を払うための、確か寒竹だったか、葉のついた細い竹を2本切っておいでになると、その2本を並べてお比べになり、一方の丈を少し短く切って、渡してくださいました。ご自分のよりも軽く、少しでも持ちやすいようにと思ってくださったのでしょう」と当時のエピソードを話されると、右のように続けられた。

昭和59年、皇太子さま（現・上皇さま）とともに東宮御所の庭を散策される美智子さま。

Column 東宮御所

昭和36年３月、当時皇太子妃として美智子さまが住まわれていた東宮御所に当時１歳になったばかりの浩宮さまと同じ、前年２月生まれの赤ちゃんたちが集結。「映写室」で交流をされた。

6月22日　幼少期の記憶

「小学校の何年生の頃でしたか、
音楽の時間に揚子江の歌を教わりました。
水を満々とたたえた川が、昼も夜も滔々《とうとう》と
流れて大陸の沃野《よくや》をうるおす、という意味の
歌でした。歌いながら子供の心にも
何か広々としたもの大きなものが感じられ、
その印象が今も私の中にとどまり、
中国や、そこに住む人々の姿と重なっています」

〔平成4年　中華人民共和国ご訪問に際しての記者会見〕

6月23日　初孫の誕生

「ただただ楽しみで……」

〔平成3年　お誕生日に際して〕

6月24日　新たな思い

「運命をたがえた多くの人々の上を思い、平和への思いを新たにいたしました」

〔平成7年　お誕生日に際して。戦後50年の節目に対して〕

6月25日　旅の喜び

「日本の各地を知り、様々な分野で働く多くの人々と出会えるこのような旅、また多くの人々と笑顔を交わし合うことのできるこのような旅は、私たちにいつも疲れを上まわる喜びを与えてくれていました」

〔平成12年　ポーランド・ハンガリーご訪問に際しての記者会見〕

6月26日　気持ちは押しつけない

「本人の気持ちを大切にし、静かに見守っていくつもりでおります」

〔平成9年　お誕生日に際して。紀宮さま（現・黒田清子さん）の結婚や将来について〕

6月27日　いばらの道

「皇太子妃、皇后という立場を生きることは、私にとり決して易しいことではありませんでした」

［平成30年　お誕生日に際して］

平成30年、天皇陛下（現・上皇さま）とともに皇居・宮殿の中庭を散策する美智子さま。写真：宮内庁提供。

6月28日　還暦を迎えて

「だんだんと年を加えていくことに、少し心細さを感じます」

〔平成6年　お誕生日に際して〕

6月29日　変化を受け入れる

「身に起こること、身のほとりに起こることを、出来るだけ静かに受け入れていけるようでありたいと願っています」

〔平成6年　お誕生日に際して〕

6月30日　国民と一体となって

「陛下のおそばで、私も常に国民の上に心を寄せ、国民の喜び事を共に喜び、国民の悲しい折には共に悲しみ、また共にそれを耐え続けていけるようでありたい」

〔平成12年　オランダ・スウェーデンご訪問に際しての記者会見〕

Column6

病魔を幾度となく乗り越えられて

周囲への配慮を忘れない

昭和61年、美智子さまが51歳のときに子宮筋腫であることが発表された。発表の翌日に行われたパーティでは、居合わせた人々が美智子さまのお体を案じて声をかけると「ありがとう、本当に平気よ」と答えられた。同年３月、手術を受けて入院生活を終えられると、皇太子さま（現・上皇さま）をはじめ、礼宮さま（秋篠宮さま）、紀宮さま（現・黒田清子さん）がお出迎えに。美智子さまは皇太子さまの胸に顔をうずめられる一場面もあった。

平成５年、59歳のお誕生日を迎えられる際には、赤坂御用地内で突然、倒れられた。募る精神的苦痛から心因性の失声症を発症されたのだ。しかし、そのわずか１週間後には公務に復帰された。声は失われているものの、手話であいさつや会話をされた。翌年、失声症を克服された際には、「もう大丈夫、ピュリファイ（浄化）されました」と周囲に話された。

令和元年、84歳のときには、乳がんであることが公表された。同年４月末までは天皇陛下の退位に際して多忙な日々が続いていたことから、同年６月にBNP値が上昇、心臓に負担がかかっていることがわかった。その後、両目の白内障手術を受けられ、さらには体重も激減されていたなかでの乳がん手術。その際、上皇さまは美智子さまに「あなたと結婚してよかった」と何度も伝えられ、美智子さまも手術の決断をされた。

7月1日　被災地への願い

「そうした（九州北部豪雨があった）地区の人たちの深い悲しみを思い、どうか希望を失わず、これから来る寒い季節を、体を大切にして過ごして下さるよう心から願っています」

〔平成29年　お誕生日に際して〕

7月2日　思い出の土地

「東宮様の思い出の土地を見せていただいたことがうれしく、また、東宮様と浩宮の奥白根登山のお留守の間に、礼宮が両棲類研究所と龍頭の滝を案内してくれたこともうれしいことでした」

〔昭和62年　夏の定例会見〕

7月3日　文化のひとつ

「少なからぬ数の国民が信念として持つ思いも、文化の一つの形ではないかと感じます」

〔平成26年　お誕生日に際して〕

7月4日　交流の絆

「血縁こそ持ちませんが、アジア、中近東、ヨーロッパの王室と長い交流の歴史をもち、家族のような絆で結ばれておりますので、その喜びごと、悲しみごとは、常に身近なこととして感じています」

〔平成9年　お誕生日に際して〕

7月5日　訪問への願い

「お会いする方々のことを思い浮かべ、お互いに良い時を分かち合えるよう願いながら、訪問しております」

〔平成6年　フランス・スペインご訪問に際しての記者会見〕

7月6日　会話の気遣い

「あまり前もって自分で
枠を考えてしまわないで、
相手の方の会話の
流れのなかで
お話しさせていただく
ようにしています」

［昭和59年　お誕生日に際して］

平成17年、ニデルヴァ川の船でノルウエーのトロンハイム市内を視察され、人々に笑顔で手を振る天皇陛下（現・上皇さま）と美智子さま。

小暑

7月7日

家族の時間

「子供達の笑い声、とくに二人、三人と一緒になって笑っているのを聞くと、何かとても安心して、私も楽しくなります」

〔昭和57年　お誕生日に際して〕

episode

美智子さまは子どもたちの仲には日頃から気を配っておられたようで、右の言葉のように述べられた。なお、昭和55年の記者会見で皇太子さま（現・上皇さま）が子どもたちの仲について言及される場面があり、ときにはテレビのチャンネル争いをすることもあるなど一般家庭と変わらぬ一面も語られていた。

昭和37年、フィリピン訪問から帰国し、東宮御所の玄関で浩宮さま（現・天皇陛下）を抱き上げる美智子さま、皇太子さま（現・上皇さま）。

Column ご婚約時の心境

昭和34年、美智子さまは毎日新聞の記者に当時の心境を手紙にして寄せられた。そこには後に皆様がよかったと思えるように日々の努力を重ねることが大切とのお考えがつづられていた。

7月8日　**待つ時間**

「沢山のことにぶつかり辛いことや苦しいことを通ってきた今、一番に感じていることは、『待つ』ということの大切さ、そしてむずかしさです」

〔毎日新聞　昭和34年4月10日〕

7月9日　**和の交流**

「わたくしも和服が好きですし、向こうの方も和服を希望しておいでになるそうです」

〔昭和35年　米国訪問に際して〕

Column 海外での正装への心配り

公務で海外を訪問される際、訪問先の国から和装を希望されることもある美智子さま。そのため海外訪問される際には必ず着物を複数持参され、相手の立場や文化などを考慮して着用される。

7月10日　人々の心

「苦しさのうえに、優しさがあるのね。きっと」

［昭和57年　沖縄訪問時の全国豆記者交歓会を終えて］

7月11日　遠い日々の経験

「初期に（千振開拓地に）入植した方たちが、穏やかに遠い日々の経験を語って下さり、眞子がやや緊張して耳を傾けていた様子が、今も目に残っています」

［平成17年　お誕生日に際して］

7月12日　出会う喜び

「未来をその小さな体一杯にたたえ、輝くような女児たちと出会うことを、いつも大きな喜びとしておりました」

［平成7年　国際大学婦人連盟第25回国際会議開会式］

7月13日　子育ての方針

「ほかのお弟子さんと同じように扱ってください」

〔渡邉みどり『日本人でよかったと思える美智子さま38のいい話』（平成26年、朝日新聞出版）紀宮さまの日本舞踊の先生におっしゃったひと言〕

昭和61年、東宮御所の庭を散策される皇太子さま（現・上皇さま）、浩宮さま（現・天皇陛下）、美智子さま、紀宮さま（現・黒田清子さん）、礼宮さま（現・皇嗣さま）。

7月14日　笑顔で寄り添う

「元気を出して、がんばって。
つらかったでしょう。
大事になさってください」

［平成19年　新潟県中越沖地震の被災地を訪れた際に］

7月15日　やさしい声かけ

「これからも
よろしくお願いします」

［朝日新聞　平成19年8月8日］

Column 新潟の被災地へ

平成19年８月に天皇陛下（現・上皇さま）とともに新潟県中越沖地震の被災地へ向かわれた。その際、ボランティアの小学生にやさしく声をかけられた。

7月16日　陛下を支える

「陛下のお仕事の量や連続性をおそばにいて体験し、
せめて陛下のお疲れの度合いを
お察しできるようでありたいと思っております」

〔平成14年　ポーランド・ハンガリーご訪問に際しての記者会見〕

7月17日　子との思い出

「わたし
かもしかがずっと
みていてくれると
おもってのぼったのよ」

〔作・美智子、絵・武田和子『はじめての やまのぼり』（平成3年、至光社）〕

Column　はじめての やまのぼり

平成３年に出版された、美智子さまの初めての著書。紀宮さま（現・黒田清子さん）が６歳の頃に山登りをされた思い出を絵本に綴られた。日本語以外に５つの言語で翻訳・出版されている。

7月18日　音楽の楽しみ

「とてもきれいなフルートで、聴き入ってしまいました」

［朝日新聞　令和元年8月27日］

episode

令和元年、「第40回草津夏期国際音楽アカデミー＆フェスティヴァル」に参加された美智子さま。このイベントは、国内外問わずトップレベルの演奏家が集まるもので、この演奏会を上皇さまと鑑賞された。開催期間中にはアカデミー講師によるワークショップも開催され、美智子さまは世界的なフルート奏者のカール＝ハインツ・シュッツさんとサン・サーンスの「白鳥」をピアノで演奏された。他にも平成29年の同イベントワークショップで、ヴァイオリン奏者のウェルナー・ヒンクさんとも演奏を楽しまれた。

7月19日　伝統の継承

「皇室も時代と共に存在し、各時代、伝統を継承しつつも変化しつつ、今日に至っていると思います。この変化の尺度を量れるのは、皇位の継承に連なる方であり、配偶者や家族であってはならないと考えています」

〔平成6年　お誕生日に際して〕

7月20日　ユーモラスな面

「どういたしましょう。〈まつ〉のように『おまかせくださりませ』と申しますには、この質問は少し難しゅうございました」

〔平成14年　ポーランド・ハンガリーご訪問に際しての記者会見。天皇陛下（現・上皇さま）に回答をふられて、大河ドラマの「利家とまつ」のセリフを交えて答えられた〕

7月21日　音楽への思い

「細々とながら音楽を続けて来た過去の年月が最初にあり、気がついた時には、音楽が自分にとって、好きで、また、大切なものとなっていたということでしょうか」

〔平成19年　お誕生日に際して〕

7月22日　微笑ましい孫

「鋏や鎌などの道具の使い方や、使う時の力の入れ加減、抜き加減などを教えることが、私にはとても楽しいことに感じられます」

〔平成14年　お誕生日に際して〕

Column 美智子さまと音楽

美智子さまはピアノの演奏を趣味にされている。美智子さまがピアノ、天皇陛下（現・上皇さま）がチェロ、皇太子さま（現・天皇陛下）がヴィオラで合奏されることもあった。

7月23日

孫と過ごす時間

大暑

「（4人のお孫さんについて）会いに来てくれるのが楽しみで、一緒に過ごせる時間を、これからも大切にしていくつもりです」

［平成23年　お誕生日に際して］

episode

平成23年に秋篠宮家の長女眞子さま（現・小室眞子さん）がご成年を迎えるにあたり、孫について聞かれたときのお言葉。平成26年に佳子さまが成年となられ、公的な活動をはじめとして、新たな経験を積まれた。このときには「時に両親に代わって悠仁の面倒をみるなど、数々の役目を一生懸命に果たして来ました」とお話しになった。美智子さまは孫と過ごす時間をとても楽しみにされていた。

平成14年、須崎御用邸内の海岸を散策される天皇ご一家。

Column 須崎御用邸

平成14年に静養先として訪れた静岡県下田市にある御用邸。天皇陛下（現・上皇さま）、皇太子さま（現・天皇陛下）ご一家、秋篠宮ご一家と海岸を散策された。

7月24日 夏の宿題

「楽々と終わらないのでは。遊ぶことにも忙しいし」

〔昭和47年 夏の定例会見。浩宮さま（現・天皇陛下）の宿題について〕

7月25日 微笑みかける

「小さい子と仲良くしてあげてくださいね」

〔朝日新聞 平成18年9月6日 札幌市立資生館小学校内の「子育て支援総合センター」にいた女の子へのひと言〕

7月26日 訪問への思い

「国と国との間の関係というのは、日頃からいろいろな分野の方が努力して下さっていることであって、それが公式訪問の折に、お互いの親善が表に非常にはっきりと溢れてくる」

〔平成3年 タイ・マレーシア・インドネシアご訪問に際しての記者会見〕

7月27日　自信の深さ

「経験を積み、またその経験をさまざまに
思い巡らすことによって、
自信と内面の深さを増してゆくと思います」

〔昭和56年　夏の定例会見〕

7月28日　本の恩恵

「かつて自分が本から受けた恩恵に対し、
今も私が深い感謝を抱いていることをお伝えし、
世界のあちこちで、
今日も子どもと本を結ぶ仕事に携わっておられる方々に、
その仕事への評価と、
感謝をお伝えすることではないかと気付かされました」

〔平成14年　国際児童図書評議会（IBBY）の創立50周年記念大会での挨拶〕

Column 橋渡し役としての心配り

平成はベルリンの壁崩壊の後、新たな国の誕生があり、そこから大使を迎える際、その国への理解を深めようとされていた。皇室として、国の橋渡し役として、美智子さまの心配りが見える。

7月29日　これからの旅

「これからも私たちは、日本の各地の人々の生活を知るために、これまでどおり公的な旅を続けて行きたいと思っています」

［平成14年　ポーランド・ハンガリーご訪問前の記者会見］

7月30日　懐かしい風景

「汽車で軽井沢の近くまできて離山とか浅間山とか見えてくると、懐かしさとうれしさでいっぱいになります」

［昭和55年　夏の定例会見］

7月31日　幼き日々

「60年の間には、様々なことがありましたが、特に疎開先で過ごした戦争末期の日々のことは、とりわけ深い印象として心に残っています」

［平成6年　お誕生日に際して］

昭和59年、軽井沢のプリンスホテルにて木立の中を散策される皇太子さま（現・上皇さま）と美智子さま。

Column 7

和服洋服ともに着こなす美智子さまの服装へのこだわり

服装の流行をつくる

美智子さまの服装は、皇太子妃のころから国内だけでなく、海外からも広く注目されてきた。国内では、ご結婚の際に着られたドレスはもちろん、婚約発表やご結婚の際に身につけられたショールやヘアバンド、パールのネックレス、テニスコートでの服装などが流行となり、「ミッチーブーム」が巻き起こった。妊娠中には、歩きやすいサドルシューズを取り入れられるほか、子育て中には動きやすいパンツスタイルやパンタロンをいち早く取り入れられるなど、服装のスタイルは公務以外でもたびたび女性の間で話題となった。

また、海外からもベストドレッサーとたたえられ、和服洋服ともに着こなす女性として故ダイアナ妃も受賞した国際ベストドレッサー賞を3度も受賞。受賞に際し「この上なく美しい感覚の持ち主」、「服飾の世界における国際的宝」などの称賛の声があがった。特に海外で注目される美智子さまの服装のポイントは日本の伝統技術を生かしたデザインにある。美智子さまの歴代デザイナーは和の素材と技術を取り入れる試みを引き継ぎ、和洋が融合したデザインを心がけている。美智子さまは日本の伝統産業を励ましたい思いをお持ちで、服の完成時には職人の技術に対して感謝や称賛の言葉を口にされた。

昭和33年、テニスコートのベンチでお話される皇太子さま（現・上皇さま）と正田美智子さん。

8月1日　受け入れる

「この度の陛下の（退位の）御表明も、謹んでこれを承りました」

［平成28年　お誕生日に際して］

8月2日　心配り

「新しい国から大使をお迎えするとき、よく地図でその国の場所を確かめました」

［平成21年　天皇陛下ご即位二十年に際しての記者会見］

Column **沖縄訪問**

沖縄訪問を希望されていた昭和天皇はご病気のため実現しなかったが、皇太子さま（現・上皇さま）と美智子さまは平成30年までに11回足を運ばれた。

8月3日　お帰りなさい

「(13年ぶりの軽井沢訪問について)
長い間たずねて
おりませんでしたのに、
大勢の方に『お帰りなさい』と
迎えて頂き、
思い出の多い土地で、
心温まる数日を過ごせたことを
感謝しています」

［平成15年　お誕生日に際して］

平成16年、第59回国民体育大会秋季大会のラグビー競技会場にて、席から観客に手を振る天皇陛下（現・上皇さま）と会釈する美智子さま。

8月4日　夏の自然

「私は軽井沢の自然、木とか草花とか鳥の声とか本当に好きで、毎年夏になると、母から少しずつそういうことについて教えてもらうのが楽しみでした」

〔昭和55年　夏の定例会見〕

8月5日　花の思い出

「お訪ねするたびにヒツジ草、アケボノ草などいろいろな花を陛下にお教えいただき、そうした折々のことはすべて懐かしい思い出になっています」

〔昭和62年　夏の定例会見〕

8月6日　被爆国として

「核兵器の恐ろしさは、その破壊力の大きさと共に、後々までも被爆者を苦しめる放射能の影響の大きさ、悲惨さにあり、被爆国である日本は、このことに対し、国際社会により広く、より深く理解を求めていくことが必要ではないかと考えています」

〔平成21年　お誕生日に際して〕

8月7日

第一印象

立秋

「とても清潔なお方だという印象を受けたのを覚えています」

〔昭和33年　婚約決定直後の記者会見〕

episode

美智子さまは聖心女子大学を卒業後の昭和32年8月、長野県軽井沢のテニスコートで皇太子さま（現・上皇さま）とはじめて出会われた。1年後の昭和33年11月の皇室会議で婚約が決定した後に会見が開かれ、記者から皇太子さまの第一印象について問われた美智子さまは右のように答えられた。また、皇太子さまの人柄に関し「ご誠実で、ご立派で」とお話しになり、当時の流行語にもなった。

昭和32年、はじめてのテニスの試合を終え、会話をされる皇太子さま（現・上皇さま）と正田美智子さん。写真：正田家提供。

Column 戦前の皇太子妃

戦前までの日本では、皇太子妃は皇族か華族から選ぶよう決められていたため、当時は結婚に反対する声もあった。そうしたなか、お二人は話し合いを重ね、1対1の信頼関係を築いていかれた。

8月8日　難民への希望

「リオ五輪では難民による1チームが編成され、注目を集めました。4年後の東京では、この中の一人でも多くが、母国の選手として出場出来ることを願わずにはいられません」

［平成28年　お誕生日に際して］

episode

平成28年のお誕生日に際して、国内外を問わず印象に残る出来事についてお話になった美智子さま。この年、ブラジルでリオデジャネイロオリンピックが開催された。このとき、内戦や迫害などの事情で祖国を追われた難民アスリートによる「難民選手団」がはじめて結成され、オリンピックの舞台で活躍した。選手の出身はさまざまで、南スーダン、シリアなど4カ国の選手で構成された。その後の東京2020オリンピックではリオデジャネイロ大会よりも参加選手の出身国が広がって結成され、11カ国の選手が参加した。

8月9日　記憶の継承

「経験の継承ということについては、戦争のことに限らず、だれもが自分の経験を身近な人に伝え、また、家族や社会にとって大切と思われる記憶についても、これを次世代に譲り渡していくことが大事だと考えています」

〔平成17年　お誕生日に際して〕

8月10日　人との協力

「（献血問題やエネルギー問題は）一人でも多くの人が守れる基準で、そのかわり皆で協力していくのがいいんではないかといっていらっしゃるのでは……」

〔昭和56年　夏の定例会見〕

8月11日　御料牧場にて

「牧の道銀輪の少女ふり返りもの言へど笑ふ声のみ聞こゆ」

〔平成17年　栃木県高根沢町の御料牧場を訪れた際の様子を詠まれた歌〕

8月12日　青年たちの信念

「遠い砂漠の緑化にでかけていく
ボランティアの青年たちを
年毎に見送るとき、彼らの信念と、意志と勇気とが、
私のイメージの中の砂漠に、わずかな緑を点じます」

〔平成7年　国際大学婦人連盟第25回国際会議開会式〕

8月13日　（子どもたちは）自分達で解決する

「自分達でじっと辛抱していて、
自分達が解決するのか、
時が解決してくれるのか、
済んだ後で笑い話のようにして
話してくれることもありますしね」

〔昭和58年　お誕生日に際して〕

Column 国際大学婦人連盟第25回国際会議

平成7年、世界52カ国、約800名の会員が集まり「女性の未来は世界の未来 生存と進歩のための教育」をテーマに横浜市で開かれた会議。この開会式で、美智子さまは英語でスピーチをされた。

平成17年、ノルウェー訪問の際、ソニア王妃とカンタレッレン高齢者センターを訪れた美智子さま。

8月14日　平和への意志

「平和は、戦争がないというだけの受け身な状態ではなく、平和の持続のためには、人々の平和への真摯《しんし》な願いと、平和を生きる強い意志が必要ではないかと思います」

［平成6年　米国訪問前の外国記者質問への回答］

episode

平成6年6月、美智子さまが皇后となって初めての公式な米国訪問を前に記者会見で「現在どのようなことに一番関心を持っておられるか」と外国メディア記者から質問があった。それに対し、美智子さまは「日本国に関しては、平和で、退廃的でなく、礼節を重んじる国であるかどうかということ」と回答され、続いて右のように述べられた。美智子さまは戦時中、疎開や叔父の戦死など過酷な戦争体験をされている。そういった体験が、美智子さまの平和に対する強いお気持ちを形作っているのだろう。

8月15日　友好のベース

「友好を深めるベースは人間と人間との信頼関係にあると思います。私達はそのベース作りの役割を果たしたい」

〔昭和45年　マレーシア、シンガポール訪問を前に〕

8月16日　共に生きる感覚

「それぞれの国にあって、自国を思い、他国との間の平和を求めて努力をしている人々と出会い、共に生きる感覚を失うことがないよう心掛けていきたいと思っております」

〔平成5年　ヨーロッパ諸国ご訪問に際しての記者会見〕

8月17日　社会への期待

「これ（介護保険制度）が大勢の人々の協力を得、社会にとり良い結果をもたらすものとなるよう祈ります」

〔平成11年　お誕生日に際して〕

8月18日　昭和天皇への思い

「その時ある思いが去来したというよりも、お側で過ごさせていただいたかけがえのない日々がとうとう終りに来てしまったというさびしさだけを感じております」

〔平成元年　天皇陛下ご即位に際しての記者会見〕

8月19日　自分の生き方

「障害者問題を考えていきますと、最後には自分が他人をどのように受け入れていくかという、自分の考え方なり、生き方なりを問われていることだと気が付きます」

〔昭和56年　お誕生日に際して。多くの障害者と接してきた経験を問われて〕

8月20日　労わりの気持ち

「つらい思いをなさいましたね。大事になさってください」

［産経新聞　広島の土砂災害の被災者らにかけられたひと言　平成26年12月3日］

8月21日　国の魅力

「国というのは、どの国でも必ず優れたところ、魅力のある人々を生み出していますから、私にとって大変に魅力的に思われるものを手がかりとしてその国に入っていくようにしています」

［昭和55年　お誕生日に際して］

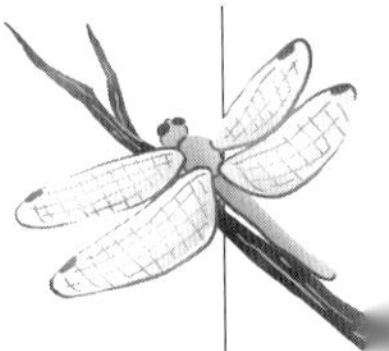

処暑

8月22日

可愛らしい光景

「御用邸にもどって後、高揚した様子で常にも増して活々と動いたり、声を出したりしており、その様子が可愛かったことを思いだします」

［平成20年　お誕生日に際して］

episode

平成20年9月に秋篠宮家の悠仁さまが2歳の誕生日を迎えられた。天皇陛下（現・上皇さま）と美智子さまは秋篠宮ご一家とともに数日間、葉山御用邸で静養された。小学生時代から海と船に親しまれた天皇陛下は和舟の操舵が非常にお上手で、二挺艪の舟を操舵された。悠仁さまははじめての体験に驚きつつも、大変楽しまれたという。その時の悠仁さまのご様子を右のように語られた。

平成21年、葉山御用邸で和舟を楽しまれる天皇陛下（現・上皇さま）、美智子さま、秋篠宮妃紀子さま、悠仁さま。

Column 葉山御用邸

神奈川県三浦郡葉山町にある御用邸。美智子さまはたびたび葉山でご静養された。御用邸周辺には上皇さまとともに訪れる場所がいくつもあるという。

8月23日　平和とは

「平和は、常に希求されながら、常に遠い目標にとどまるものなのでしょうか」

〔平成7年　国際大学婦人連盟第25回国際会議開会式〕

episode

美智子さまは平成7年8月に横浜市で開催された国際大学婦人連盟の第25回国際会議に出席された。国際大学婦人連盟は女子教育の普及や女性の地位向上、国際平和を掲げる国際非営利団体。昭和49年にも日本で国際会議が開催されたが、平成7年終戦50周年を迎える第25回の開会式で美智子さまがスピーチをされた。この10年に女性の権利や尊厳などさまざまな問題について話し合われてきたことや、戦後50年の間も多くの紛争や内戦が起こっていることに触れ、「平和」をテーマとするこの国際会議の討論に深い関心を示された。

8月24日　伴奏の喜び

「陛下のチェロの伴奏をすることが私の喜びです」

〔平成30年　映画『羊と鋼の森』の特別試写会ご鑑賞後の言葉〕

8月25日　訪問への祈り

「今もなお戦時中のつらい記憶に苦しむ人々のおられることを決して忘れることなく、また、両国のきずなが今後二度と損なわれることのないよう祈りつつ、訪問の日々を過ごすつもりでおります」

〔平成12年　オランダ・スウェーデンご訪問に際しての記者会見〕

Column 映画『羊と鋼の森』の特別試写会

平成30年５月に天皇陛下（現・上皇さま）と美智子さまは映画『羊と鋼の森』の特別試写会を訪問され、主演の山﨑賢人さんやエンディングテーマを演奏した辻井伸行さんと交流された。

8月26日　手を取り合う

「第一次、第二次と2度の大戦を敵味方として戦った国々の首脳が（ヨーロッパ各地で）同じ場所に集い、共に未来の平和構築への思いを分かち合っている姿には胸を打たれるものがありました」

〔平成26年　お誕生日に際して〕

8月27日　貴重な思い出

「それぞれの土地で巡り合った人達との思い出を貴重なものに思います」

〔昭和59年　ご結婚25周年に際しての記者会見〕

8月28日　心強い姿

「私の周辺でも次世代、またその次の世代の人々が、各種の催しや展示場を訪れ、真剣に戦争や平和につき考えようと努めていることを心強く思っています」

〔平成27年　お誕生日に際して〕

8月29日　発展への思い

「日系社会の発展に対する感慨や、発展の礎《いしずえ》となった一世の人々への思い等に心を揺さぶられることが多く、後に振り返って、こうした強い感動も一種の疲れであったことに気付かされています」

［平成9年　お誕生日に際して。南米訪問後、ヘルペスを患われたことに言及された］

8月30日　新しい風

「きっと、どの時代にも新しい風があり、また、どの時代の新しい風も、それに先立つ時代なしには生まれ得なかったのではないかと感じています」

［平成23年　お誕生日に際して］

8月31日　祈り続ける

「傷ついた内外の人のことをこれからも忘れることなく、平和を祈り続けていかなければと思います」

［平成10年　お誕生日に際して］

Column 8

戦禍に見舞われた人々へ思いを寄せ平和を祈り続ける

上皇さまと美智子さまの慰霊の旅

上皇さまと美智子さまは平成の30年間、沖縄、長崎、広島、硫黄島といった国内はもとより、サイパン、パラオなど第二次世界大戦の戦地となった海外の地を訪ねる「慰霊の旅」を続けてこられた。

なかでも沖縄は、昭和天皇が訪問を希望されるも叶わなかった土地だったが、両陛下は皇太子、皇太子妃時代に戦後の皇族による訪問を実現させ、天皇皇后即位後も含め11度にわたって足を運ばれた。はじめて訪問された際には、ひめゆりの塔で献花を捧げておられたところへ過激派によって火炎瓶を投げつけられ、献花台が炎上する事件があった（ひめゆりの塔事件）。幸い両陛下に大きなけがはなく、犯人はその場で現行犯逮捕されたが、戦争の禍根が垣間見えた出来事だった。

その後、即位後はじめての英国訪問では元捕虜の人々による反日デモを目にされるなど、ときには現地の複雑な思いを抱える人々の批判を受けながらも、両陛下は常に平和を願い、心を寄せ続けられた。

これまで、美智子さまは節目の会見などでたびたび平和への祈りを述べてこられたが、戦後70年にあたる平成27年には「あらためて過去を学び，当時の日本や世界への理解を深める大切な機会」と1年を振り返られた。

9月1日　寿ぐ気持ち

「90歳、100歳と生きていらした方々を皆して寿《ことほ》ぐ気持ちも失いたくないと思います」

〔平成21年　天皇陛下ご即位二十年に際しての記者会見〕

9月2日　よかれかし

「努力をしている人々の仕事に対して、それをいつも誰かが見ていて、そして、あの、よかれかしと願っているということは、大事なことではないか」

〔平成3年　タイ・マレーシア・インドネシアご訪問に際しての記者会見〕

Column 初めての海外訪問

平成３年、天皇陛下（現・上皇さま）と美智子さまは即位後はじめての海外訪問で東南アジアへ向かわれた。会見では国同士の交流を通して友好関係を深めることへの期待を述べられた。

9月3日　複雑さに耐える

「（二冊の本は）生きていくために、人は多くの複雑さに耐えていかなければならないことを、私に感じさせました」

［平成14年　国際児童図書評議会（IBBY）の創立50周年記念大会での挨拶］

episode

平成14年9月にスイスのバーゼルで国際児童図書評議会（IBBY）の50周年記念大会が開かれた。美智子さまはお祝いの挨拶を述べられ、お言葉はその一節である。平成10年の世界大会にも出席されており、当時お話された少女期の読書体験に触れ、愛読書であった2冊の『世界文学選』について語られた。また平成2年から、詩人のまど・みちお氏の詩を翻訳する作業を通じて国際児童図書評議会（IBBY）の活動に関わるようになった経緯についても述べられている。『バーゼルより　子どもと本を結ぶ人たちへ』にはこの大会の内容が収録されている。

9月4日　笑いあう

「面白かったことは、あんまり笑うので、忘れてしまうのですね」

〔昭和60年　お誕生日に際して〕

9月5日　本の恩恵

「この度の旅行につきましては、長い間ためらっておりましたが、子供のころに本から多くの恩恵を受けた者として、ＩＢＢＹの50周年を祝うバーゼル大会へのお招きをお受けいたしました」

〔平成14年　お誕生日に際して〕

9月6日　絆とつながり

「古い絆の上にあるこのつながりに、絶えず新しい時代のよき交流を注ぎ足し、この掛け替えのない二国間の関係を、更によいものとするよう努めていきたい」

〔平成10年　ポルトガルお立ち寄りに際して〕

9月7日

共に歩く

白露

「一緒に歩いてくれた人たちが、年末になると歩いた距離を日本地図の上に分かりやすくおいて見せてくれるのが楽しみ」

［昭和59年　お誕生日に際して］

episode

昭和59年、美智子さまは50歳の誕生日を迎えられた。皇太子さま（現・上皇さま）とともに数々の公務をこなし、多忙な日々を過ごされていた。その際、健康の秘訣は「テニスと歩くこと」と話された。また、歩くモチベーションについて言葉のように述べられた。この年はご旅行が多く、あまり距離が伸びなかったと振り返られるも「これからもせっせと歩きます」とおっしゃった。

令和3年、上皇さまとともに庭を散策する美智子さま。写真：宮内庁提供。

Column 美智子さまのご散策距離

美智子さまは1日30分かけて2キロメートルほど歩かれている。年間のご散策距離を日本地図に示すと、東京から広島や山口まで行けるほどの距離になっていたという。

9月8日　社会の意識

「何故私たち皆が、自分たち共同社会の出来事として、この人々の不在をもっと強く意識し続けることが出来なかったかとの思いを消すことができません」

［平成14年　お誕生日に際して］

episode

平成14年のお誕生日に際して、同年中の出来事についてお気持ちを述べられた。その中で北朝鮮の拉致問題について、右のように述べられた。当時の小泉純一郎首相が北朝鮮を訪問したことにより5人の拉致被害者が帰国したが、政府が認定している残り12人の被害者についてはまだ解決していない。美智子さまは帰国者の家族との再会を喜びつつも、「今回帰ることのできなかった人々の家族の気持ちは察するにあまりあり、その一入《ひとしお》の淋しさを思います。」と述べられた。

9月9日　共に生きる

「どの国においても障害者を憐れんだり、疎外する時代が去って、障害者に自立を助けともに生きていこうという時代がきつつあることを強く感じました」

［平成3年　ジャカルタご訪問中の宮内記者会見］

9月10日　帰属するところ

「日本の神話や伝説の本は、非常にぼんやりとではありましたが、私に自分が民族の歴史の先端で過去と共に生きている感覚を与え、私に自分の帰属するところを自覚させました」

［平成14年　国際児童図書評議会（ＩＢＢＹ）の創立50周年記念大会での挨拶］

Column **ねむの木の庭**

正田英三郎さんの死後、正田邸は相続税の一部として国に物納された。後に正田邸の跡地につくられた公園は美智子さまが高校時代につくられた詩「ねむの木の子守歌」から名付けられた。

9月11日　未来のあり方

「この大切な時期に過去のことをよく学び
これからの自分のあり方について考えたいと思います」

〔平成元年　天皇陛下ご即位に際しての記者会見〕

9月12日　服装のこだわり

「(外国の団体からベストドレッサーに選ばれたことについて)
気を遣うというより、今でも迷い迷い着ているともあるのです」

〔昭和60年　お誕生日に際して〕

9月13日　関係の複雑さに耐えて

「私たちは、複雑さに耐えて生きていかなければならないということ。
人と人との関係においても。国と国との関係においても」

〔平成10年　第26回国際児童図書評議会（IBBY）に際しての基調講演〕

9月14日　ささやかな趣味

「音楽も、ささやかにであれ続けていかれれば、どんなに嬉しいでしょう」

［平成11年　お誕生日に際して］

9月15日　他国という友

「自国を思う時に、他の国々を視野からはずすことのないよう、私共は、それぞれの価値を持つ他の国々を理解し、その文化を尊重し、何よりも、そこにかけがえのない友を持ちたいと思います」

〔平成5年　日本・ラテンアメリカ婦人協会20周年記念祝賀会〕

9月16日　翼と愛

「子供達が、喜びと想像の強い翼を持つために
子供達が、痛みを伴う愛を知るために」

〔平成10年　第26回国際児童図書評議会（IBBY）に際しての基調講演〕

9月17日　心配と願い

「特に強い毒性を持つヒアリは怖く、港湾で積荷を扱う人々が刺されることのないよう願っています」

〔平成29年　お誕生日に際して〕

9月18日　過去を許す

「とても悲しいことですが、人間にとって、過去を許すということは大変にむずかしく、努力を要することでしょう」

［昭和46年　元軍人による抗議デモに対して］

episode

昭和46年、昭和天皇と香淳皇后は欧州7カ国を訪問された。戦後、象徴天皇制となってはじめての海外訪問だった。訪問先の各国では政府や王室から歓迎され、昭和天皇の思い出の地などもめぐられた。しかし、戦時中の禍根は消えておらず、各国民の批判なども目の当たりにすることになった。オランダを訪問された際には昭和天皇の乗っていたお車に物を投げつけられ、防弾ガラスにひびが入った。また、イギリスでも元軍人による抗議デモが起こった。美智子さまはこの抗議デモに対し、右のようにお気持ちを述べられた。

9月19日　歴史の苦しみ

「人の一生と同じく、国の歴史にも喜びの時、苦しみの時があり、そのいずれの時にも国民と共にあることが、陛下の御旨《みむね》であると思います」

〔平成7年　お誕生日に際して〕

9月20日　少年の分身

「数冊の本と、本を私に手渡してくれた父の愛情のおかげで、私もまた、世界の屋根の上にぷっかりと浮き、楽しく本を読むあのＩＢＢＹのポスターの少年の分身でいられたのです」

〔朝日新聞　平成11年6月19日〕

9月21日　学生時代の読書

「スポーツに明け暮れた私の三光町時代の読書は、あまり豊かなものではありませんでした」

〔平成11年　聖心女子学院『みこころ会々報』第61号へのご寄稿〕

平成7年、阪神・淡路大震災の被災地を視察され、手話で被災された人々へ話しかけられる美智子さま。

Column 三光町

美智子さまは学生時代、東京都港区白金の聖心女子学院中等科、高等科に通われていた。学校のある一帯は当時三光町と呼ばれ、美智子さまの学生時代を象徴する地名となった。

9月22日

和服の気遣い

秋分

「和服だから体にこたえたということはありません。日系の方々の強い要望もあったので、各地で一度は和服を着ました」

〔昭和42年　南米訪問からの帰途、同行記者団に〕

episode

子育ても忙しいなか、この年の10月まで皇太子さま（現・上皇さま）と美智子さまは海外訪問、地方訪問、御用邸への訪問と多忙な日々を過ごされていた。訪問された南米は戦前から日系移民が多く、美智子さまは期待に応えようと積極的に和服を着用された。帰国の際に記者から、南米は日本と季節が逆なので「かなりお疲れになったのでは」と声をかけられた。

昭和42年、皇太子さま（現・上皇さま）と美智子さまの南米訪問を見送られる浩宮さま（現・天皇陛下）と礼宮さま（現・皇嗣さま）。

Column 美智子さまの教育方針

美智子さまが33歳のお誕生日を迎えられた年、新聞社の取材に、二人のお子様が過保護になりすぎないようにと、語られた。

9月23日　回復の感動

「実名を捨てて暮らして来た人々が、人間回復の証として、次々と本名を名のった姿を忘れることが出来ません」

［平成13年　お誕生日に際して］

episode

明治40年に制定された、日本中のすべてのハンセン病患者を療養所に強制隔離することなどを定める「らい予防法」（昭和6年に「癩予防法」）。制定から89年が経った平成8年にようやく廃止された。廃止後、この法令のハンセン病患者の人権や尊厳が守られていないという点が問題となり、患者と国との間で裁判が始まった。美智子さまはこれを受けて右のように述べられた。さらに、「今後入居者の数が徐々に減少へと向かう各地の療養所が、入所者にとり寂しいものとならないよう、関係者とともに見守っていきたいと思います」とも述べた。

9月24日　秋の訪れ

「あれは赤とんぼね」

〔『婦人公論』平成31年4月25日号　舘野泉さん傘寿記念演奏会のアンコールで天皇陛下（現・上皇さま）に曲名を囁かれた〕

9月25日　巡り合い

「子どもたちが、どうかその心の支えとなる本に巡り会ってほしい」

〔平成14年　国際児童図書評議会（IBBY）の創立50周年記念大会での挨拶〕

Column 舘野泉さんとの交流

昭和60年、舘野さんは美智子さまとはじめて対面された。美智子さまはどんな状況でも演奏に励む姿を思い、「左手《ゆんで》なるピアノの音色《ねいろ》耳朶《じだ》にありて灯《ひ》ともしそめし町を帰りぬ」と詠まれた。

9月26日　読書の教え

「読書は、人生の全てが、決して単純でないことを教えてくれました」

〔平成10年　第26回国際児童図書評議会（IBBY）に際しての基調講演〕

9月27日　惜しいこと

「何よりも惜しく思うのは、この時代にもっと長編を読んでおけばよろしかったのに、それをしなかったことです」

〔平成11年　聖心女子学院『みこころ会々報』第62号へのご寄稿〕

Column 児童書への関心

美智子さまは聖心女子大学在学中に児童書についての研究をされていた。ご婚約時には研究論文の一部が新聞に掲載されるなど、児童書への関心の高さが知られている。

9月28日　平和への努力

「絶えず平和を志向し、国内外を問わず、争いや苦しみの芽となるものを摘み続ける努力を重ねていくことが大切」

〔平成26年　お誕生日に際して〕

9月29日　歴史の教科書

「子供たちが学校で使った世界史の教科書をもらってありますので、出発までの間に、せめて訪問する国々の歴史の復習だけでも出来ればと思います」

〔平成5年　ヨーロッパ諸国訪問に際しての記者会見〕

9月30日　安らぎになる

「接するすべての人々を大切にし、その人々を通じ、できるだけ人々の生活を広く深く知り、皇室が少しでも人々の心の支えになり、安らぎとなれるよう務めていきたいと思っております」

〔平成9年　ブラジル・アルゼンチンご訪問に際しての記者会見〕

Column 9

児童文学や子どもの読書支援へ関心を寄せられる

児童文学界へ与えられた影響

美智子さまは本への関心が高いことで知られているが、なかでも高い関心を寄せられるのが児童文学だ。平成２年ごろから、まど・みちお氏の作品を翻訳する作業にかかわられ、それをきっかけに国際児童図書評議会（IBBY）の活動にもかかわられるようになった。当時注目を集めたのが、平成10年のニューデリー大会にて行われたビデオ講演。ご自身に読書が与えた影響など、少女時代の読書体験についてお話になり、その講演は後に『橋をかける』（文藝春秋）として書籍化され、さらに英語やロシア語、中国語など計８カ国語に翻訳された。

また、平成14年に創立50周年を迎えて開催されたIBBYのバーゼル大会では大会名誉総裁を務められた。この大会には美智子さまお一人でご出席されたが、単独で海外訪問されるのは歴代皇后初の出来事だった。

その後の平成29年、天皇陛下（現・上皇さま）と美智子さまはベトナムを訪問された。当時のベトナムでは絵本がほとんど普及しておらず、それを知った美智子さまは、帰国後、大使館を通じて『橋をかける』を贈呈された。この本が現地でベトナム語に翻訳されたのを機に日本の絵本への関心が広まり、ベトナムでは美智子さまのお誕生日を「子どもの本の日」に制定している。美智子さまの本がベトナムの絵本の普及に影響を与えられたのだ。

10月1日　義務を果たす

「与えられた義務を果たしつつ、その都度新たに気付かされたことを心にとどめていく――そうした日々を重ねて、60年という歳月が流れたように思います」

［平成30年　お誕生日に際して］

episode

天皇陛下のご即位から30年、美智子さまは皇后として最後のお誕生日に、これまでを振り返られた。「皇太子妃、皇后という立場を生きることは、私にとり決して易しいことではありませんでした」と述べ、続いて右のように続けた。同年の新年一般参賀には12万6720人もの国民が皇居を訪れ、国民の支持の高さがうかがえる。平成の30年間、ご公務で両陛下が移動された距離は地球15周半にも及ぶ。両陛下はご静養、全国各地への訪問などの折にふれその土地の人々と交流され、常に国民に思いを寄せていらした。

10月2日　意味を持つ仕事

「たゆまず続けられて来た火山観測のような地味な仕事が、どれだけ大事の際に意味をもつかに気付かされます」

〔平成12年　お誕生日に際して〕

10月3日　宝石箱

「大切に宝石箱にしまっています」

〔朝日新聞　昭和48年8月25日　皇太子さま（現・上皇さま）にプレゼントされたトレド細工のブローチについて〕

10月4日　努力を続ける

「日本が平和でよい国柄の国であることができるよう、絶えず努力を続けていくことも、大切なことではないかと考えています」

〔平成11年　天皇陛下ご即位十年に際しての記者会見〕

10月5日　年齢と新聞

「私の誕生日のことが新聞に出ると、同級生が嫌がるんですよ。歳がわかってしまうと」

〔昭和51年　お誕生日に際して〕

10月6日　区切りの年齢

「自分がある区切りの年齢に達する都度、戦時下をその同じ年齢で過ごした人々がどんなであったろうか、と思いを巡らすことがよくありました」

〔平成26年　お誕生日に際して〕

10月7日　小さな記憶

「記憶に残っているのは、意外に小さなことです」

〔松崎敏弥『皇太子・美智子さまのご教育法』（昭和58年、ＫＫロングセラーズ）銀婚式を前にこれまでの生活の支えなどについて〕

10月8日

大切な所作

寒露

「だんだんと年をとっても、繰り返し大前に参らせて頂く緊張感の中で、そうした所作を体が覚えていてほしい、という気持ちがあります」

［平成25年　お誕生日に際して］

episode

79歳を迎えられたころ、天皇陛下（現・上皇さま）も美智子さまも高齢になられ、健康状態がすぐれない状態が続いていた。お誕生日に際して、公務や宮中祭祀の負担軽減が必要なのではないかとの意見があることに対して、右のように答えられた。美智子さまはすべての参加は難しくとも、年始の元始祭や昭和天皇、香淳皇后の例祭などには参加したいと希望を述べられた。

平成２年、「平成の即位礼の期日奉告の儀」に臨まれる美智子さま。写真:宮内庁提供。

Column 元始祭《げんしさい》

皇室では宮中の祭祀を大切に受け継ぎ、年間約20件ほどの祭祀を行っている。なかでも元始祭は、年始に国家国民の繁栄を祈る祭祀で、宮中の行事として、特に重要なものとされている。

10月9日　学んだ力

「（香淳皇后から学んだことについて）
たくさんのお苦しみやお悩みの中から
今日のすばらしいご自分を
おつくりになったお力」

［昭和49年　お誕生日に際して］

10月10日　国技を担う

「世界の中で日本の国技を
担っていく人々の苦労には
ひとしおのものがあることでしょう」

［平成11年　お誕生日に際して］

Column 香淳皇后

美智子さまは香淳皇后に対し深い敬意を示されている。香淳皇后は当初、美智子さまの結婚に反対されていたが、かつてご自身も周囲から昭和天皇との結婚を反対されながらも結婚後は天皇を支えられた。

10月11日　務めの妨げ

「自分の病気が国のための殿下の務めの妨げになっては」

［朝日新聞　平成16年10月20日］

episode

昭和61年に美智子さまは子宮筋腫の手術を受けられた。この手術の頃に海外訪問が予定されていたが、美智子さまの体調を考慮し、米国訪問の延期、韓国訪問の中止をせねばならなくなった。美智子さまはぎりぎりまで訪問の延期や中止に難色を示され、右のように述べられていた。お言葉から美智子さまの皇太子妃としての責任感や、公務に対する使命感、皇太子さま（現・上皇さま）への献身が感じられる。退院時には、病院の玄関前で美智子さまを労わる皇太子さまのお姿があった。

10月12日　精神的な支援

「国際的な様々な分野で
働かれる人々の仕事に
常に注意を向け、
長い期間にわたって見守り、
精神的支援を
続けていくことも
私どもの大切な役目だと
思っております」

〔平成3年　タイ・マレーシア・インドネシア
ご訪問に際しての記者会見〕

平成18年、タイのプミポン国王の即位60年を記念する祝典に出席された天皇陛下（現・上皇さま）と美智子さま。

10月13日　旅路を懐かしむ

「今回の旅で出会う人々、今回の旅で訪れるそれぞれの場所がいつかやがて自分にとって懐かしい人々、懐かしい場所となればうれしいと思います」

〔平成4年　中華人民共和国ご訪問に際しての記者会見〕

10月14日　感謝を伝える

「私の成長を助けて下さった全ての方々に深く感謝しております」

〔平成30年　お誕生日に際して〕

10月15日　幸せなもの

「(浩宮の)結婚が、お互い同士、それぞれにとって幸せなものであってほしいということ、やはり国にとっても幸せなものであってほしいと、その二つを願っています」

〔昭和58年　お誕生日に際して〕

10月16日 日々を豊かに

「残された日々を、静かに心豊かに
過ごしていけるよう願っています」

［平成30年　お誕生日に際して］

10月17日 支えてくれた人

「私の務めを、
陰で静かに支えてくれた人々を、
今、懐かしく思い出しています」

［平成6年　お誕生日に際して］

Column **国民に寄り添う**

美智子さまは米国訪問時、「常に人々とともにあり、ともに考え、喜び悲しみを分かち、日本と日本国民の幸せを祈り続けていきたい」と述べられ、常に国民に寄り添っておられた。

10月18日　責任のある日常

「陛下のご日常はとても難しいものがあるのよ」

〔『皇后誕生　美智子さまから雅子さまへ』（令和元年、文藝春秋）〕

episode

青山学院大学法科大学院客員教授の小池政行さんの取材の終わりに天皇陛下（現・上皇さま）を思い、右のように述べられた。難しいものについて問われると、「国の象徴、国民統合の象徴という在り方を、一人の生身の人間が担う。それは非常に難しいことです。大きい責任を背負って生きていらっしゃると言えるかもしれません」と述べられた。美智子さまは、ほかにもお誕生日など節目の折には、陛下の背負っていらっしゃるものの大きさに言及されてこられた。

10月19日　訪問の理由

「わたくしは知らないのです。まず、実情を知りたいと考えて……」

〔『週刊女性』昭和41年12月17日号〕

episode

美智子さまが地方の社会福祉施設などを積極的に訪問されることについて記者から話題が挙がり、右のように答えられた。同年10月には岩手県などの僻地にある保育所で働く女性の話に耳を傾けられ、その困難な仕事をねぎらわれた。他にも、この時期の毎週日曜日は日本赤十字社での奉仕活動に参加されていた。そこで目の見えない人とお話しされ、「何か自分にできることはないか」と自ら点字を学んでおられた。奈良時代に光明皇后が悲田院を開かれたことをはじめ、皇室と社会福祉のかかわりは古くより深かった。

10月20日　死後の悲しみ

「（戦争や災害などで）
この世に悲しみを負って
生きている人がどれ程多く、
その人たちにとり、
死後は別れた後も
長く共に生きる
人々であることを、
改めて深く考えさせられた
1年でした」

［平成27年　お誕生日に際して］

令和元年、一般参賀や儀式の写真を前に笑顔で語り合う上皇さまと美智子さま。写真：宮内庁提供。

平成16年、皇居東御苑を散策される天皇陛下（現・上皇さま）と美智子さま、紀宮さま（現・黒田清子さん）。写真：宮内庁提供。

10月21日　懐かしい人

「まあ、お懐かしい」

［『J-CASTニュース』 平成24年5月6日 再会した朝日新聞の記者へかけられたひと言］

10月22日　寛容な導き

「時に厳しく、
しかしどのような時にも
寛容に導いて下さり、
私が今日まで来られたのは、
このお蔭であったと思います」

［平成26年 お誕生日に際して］

Column 新聞記者へのお言葉

ご婚約前にインタビューなどを担当していた朝日新聞の記者を美智子さまは覚えておられ、約30年後に再会した際声をかけられた。記者はこの出来事について「感動した」と語った。

10月23日

訪問の出発点

霜降

「ここ（ボストン）を訪問の出発点としていただいたことは、大変うれしく、また楽しみにしています」

〔昭和62年　米国ご訪問を前に〕

episode

同年のアメリカ訪問前の記者会見で述べられたお言葉。アメリカには昭和35年にはじめてご夫婦で公式訪問をされて以来、訪問の中継地などで何度も立ち寄られたが、ボストンははじめて訪問される土地であった。マサチューセッツ州は幕末期に漂流者としてアメリカ船に救助された中浜万次郎が滞在した場所で、日米関係に深くかかわる土地であると感慨を語られた。

平成21年、米国訪問でハワイ島に訪れた天皇陛下（現・上皇さま）と美智子さま。

Column バブル経済

昭和末から平成のはじめには国民の生活が豊かになった一方、アメリカとの間での貿易摩擦や、東芝機械が外国貿易法違反などに問われた東芝機械ココム違反事件が問題となった。

10月24日　耳を傾ける

「どのような批判も、自分を省みるよすがとして耳を傾けねばと思います」

［朝日新聞　平成16年10月20日］

episode

平成5年、59歳のお誕生日を迎えられる頃、美智子さまは積み重なったストレスにより、心因性の失声症を発症された。声を失われても手話で挨拶をされるなど、公務を行われた。翌年に声を取り戻して回復された際、右の言葉のほかにも美智子さまは、「批判の許されない社会であってはなりませんが、事実に基づかない批判が、繰り返し許される社会であってほしくはありません」とも述べられた。美智子さまのお言葉からは少なくとも事実とは異なる報道がストレスになっていたことがうかがえる。

10月25日　善意と友情

「陛下が国賓として海外をご訪問になるということはそれらの国に対し、陛下が日本を代表して善意と友情をお示しになるということで、そのことが訪問の第一義であると考えています」

［平成14年　ポーランド・ハンガリーご訪問に際しての記者会見］

平成14年、ハンガリーのエステルゴム王宮博物館の中庭で、子どもたちに笑顔で話しかけられる天皇陛下（現・上皇さま）と美智子さま。左はマードル大統領。

10月26日　将来の妃殿下への希望

「あれこれ希望することは、これからお上がりになる方に一つの決まったワクを与えるようなことになるので、控えたく思います」

〔昭和53年　お誕生日に際して。浩宮さま（現・天皇陛下）の結婚について〕

10月27日　立場の厳しさ

「一つの立場にある厳しさをことごとく感じる日々にあっても、私がそれをプレッシャーという一つの言葉で認識したことは無かったように思います」

〔平成19年　ヨーロッパ諸国ご訪問に際しての記者会見〕

10月28日　疎開と転校による学力の不安

「私は何か自分が基礎になる学力を欠いているような不安をその後も長く持ち続けて来ました」

〔平成26年　お誕生日に際して〕

10月29日　本で出会った人

「戦時下の地方の町に住みながら、私は本という橋の上で、日本の古代の人々とも、また、異国の人々とも出会い、その人々の思いに触れていました」

〔平成14年　国際児童図書評議会（ＩＢＢＹ）の創立50周年記念大会での挨拶〕

10月30日　歳を重ねる喜び

「無事に歳を重ねることができるというのはやはりうれしいことだと思います」

〔昭和55年　お誕生日に際して〕

10月31日　必要な経験

「陛下のお側でさせていただいた様々な公務は、私にとり、決して容易なものばかりではありませんでしたが、今振り返り、その一つ一つが私にとり必要な経験であったことが分かります」

〔平成16年　お誕生日に際して〕

Column 10

傘寿を迎え
これまでを振り返る

傘寿を迎えられた美智子さま

平成26年、美智子さまは80歳のお誕生日を迎えられた。これまでの80年を振り返り、「80年前、私に生を与えてくれた両親は既に世を去り、私は母の生きた齢を越えました」と述べられ、昭和34年に皇室へ送り出してくれた日のご両親との会話を回想された。

また、皇室に入ってから50年以上をともに過ごされた天皇陛下（現・上皇さま）について「多くの人々の祈りの中で，昨年陛下がお健やかに傘寿をお迎えになり，うれしゅうございました」とお話になった。続けて、常に謙虚で、美智子さまやお子様たちを導いてくださったお蔭で今日まで来られたと221ページのように感謝の気持ちを述べられた。同時に、「長い昭和の時代を、多くの経験と共にお過ごしになられた昭和の両陛下からは、おそばに出ます度に多くの御教えを頂きました」と、昭和天皇と香淳皇后に感謝を述べられた。

戦後70年の節目を控えた同年、ヨーロッパで第一次世界大戦から100年の式典が行われたことにふれ、未来の平和構築へ思いを共有する姿に胸を打たれたと話され、ご自身の戦時中の体験や感情は忘れられないと振り返られた。戦時中のご自身の体験や、平和の恩恵にあずかっている今を思い、絶えず平和が続くよう、争いや苦しみの芽を摘み続ける努力を積み重ねていくことが大切と、平和への祈りを述べられた。

11月1日 約束

「（水谷さんとの）お約束を果たせました」

［『美智子さま 愛と慈しみの40年』（平成11年、主婦と生活社）］

11月2日 老い

「加齢によるものらしい現象もよくあり、自分でもおかしがったり、少し心細がったりしています」

［平成22年 お誕生日に際して］

Column 初代・水谷八重子

小学生のころ在籍された雙葉学園の同窓会で、美智子さまは新派を代表する女優、水谷八重子さんに「新派をよく見に参りました」と声をかけられた。美智子さまは「新派百年記念公演」へ足を運ばれた。

11月3日　信頼と尊敬

「とてもご誠実で、ご立派で心から
ご信頼申し上げ、
ご尊敬申し上げていける
方だというところに
魅力を感じました」

〔昭和33年　婚約決定直後の記者会見〕

昭和34年、結婚報告のため伊勢神宮外宮を参拝し、外板垣門を出られる皇太子さま（現・上皇さま）と美智子さま。後ろに続くのは、山田康彦東宮侍従長（当時）と牧野純子東宮女官長（当時）。

11月4日　歩み続ける

「迷ったり、心細い気持ちになることもあると思いますが、あまり動揺することなく歩いていきたいと思います」

〔昭和49年　お誕生日に際して〕

11月5日　歓迎にこたえる

「向こうでもいろいろと歓迎をして下さる様子ですが、私達はその歓迎にこたえて良い訪問者であることを願っています」

〔昭和35年　訪米に際して〕

11月6日　沿道でのマラソンの応援

「もう見えましたか」

〔朝日新聞　昭和60年11月18日〕

11月7日

歴史の表現

立冬

「歴史の書物の中でもこうした表現に接したことが一度もなかったので、一瞬驚きと共に痛みを覚えたのかもしれません。私の感じ過ぎであったかもしれません」

〔平成28年　お誕生日に際して〕

episode

平成28年、「生前退位」という言葉が報道により広く世の中に知られることとなった。実際に宮内庁の関係者へ天皇陛下（現・上皇さま）がお気持ちを示されたときには「譲位」という言葉が使われていたが、報道では「生前退位」と表現された。美智子さまははじめて「生前退位」という表現を目にした際に、大きな衝撃を受けたとして心境を右のように述べられた。

昭和43年、静岡県の奥浜名湖の宿舎に入られる皇太子さま（現・上皇さま）、美智子さま、浩宮さま（現・天皇陛下）、礼宮さま（現・皇嗣さま）。

Column 浜名湖

昭和40年代、皇太子さま（現・上皇さま）ご一家は夏の浜名湖を毎年のように訪問されていた。ご一家で小舟に乗ったり、湖で泳いだりと楽しまれていた。

11月8日　健やかに迎える

「陛下がお健やかに今日をお迎えになったことが、何よりも有り難く、うれしく思われます」

［平成11年　天皇陛下ご即位十年に際しての記者会見］

episode

美智子さまが皇后になられて10年の節目を迎えられ、そのお気持ちを右のように述べられた。また、天皇陛下（現・上皇さま）に対して「時に心細く思うこともございましたが、どのような時にも、陛下が深いお考えの下で導き励ましてくださり」と述べ、さらに昭和天皇と香淳皇后への感謝の気持ちを示された。続けて今後果たすべき役割について、「陛下のおそばで、私もすべてがあるべき姿にあるよう祈りつつ、自分の分を果たしていきたいと考えています」と語られた。

11月9日　変化に耐える力

「私にも時の変化に耐える力と、変化の中で判断を誤らぬ力が与えられるよう、いつも祈っています」

［平成14年　お誕生日に際して］

11月10日　少しも変わりません

「こんどのことは、たいへん大きな出来事には違いありませんが、普通の結婚と根本では少しも変わりません」

［毎日新聞　昭和33年11月27日　皇太子さま（現・上皇さま）との結婚について］

Column **新時代の象徴**

10代から海外の王族とも交友されていた皇太子さま（現・上皇さま）と民間出身の美智子さま。お二人は高度経済成長が進む日本で新しい時代を象徴するカップルとして注目された。

11月11日　安全を願う

「どうかこれらの人々が、
最も的確に与えられる情報の許《もと》、安全で、
少しでも安定した生活が出来るよう願うと共に、
今も原発の現場で日々
烈しく働く人々の健康にも、
十分な配慮が払われることを願っています」

［平成24年　お誕生日に際して］

11月12日　見守る

「制約の中で、少しでも社会の諸問題への理解を深め、
大切なことを継続的に見守り、
心を寄せ続けていかなければならない――」

［平成11年　天皇陛下ご即位十年に際しての記者会見］

Column 福祉問題

特別養護老人ホームや身体障害者通所授産施設など皇太子さま（現・上皇さま）と美智子さまはたびたび福祉関連施設を訪問された。お二人とも福祉問題に一貫して関心を寄せ、力を注いでこられた。

11月13日　常にある手本

「常に仰ぎ見る
御手本として
先帝陛下と
皇太后陛下がいらして
下さったことは、
私にとりこの上なく
幸せなことでした」

［平成10年　お誕生日に際して］

昭和63年、昭和天皇87歳の誕生日を祝う一般参賀で国民に手を振って応える皇太子さま（現・上皇さま）、美智子さま、浩宮さま（現・天皇陛下）、礼宮さま（現・皇嗣さま）。

11月14日　時代の要求

「福祉への関心は、皇室の歴史に古くから見られ、私どもも過去に多くを学びつつ、新しい時代の要求にこたえるべく努めてまいりました」

〔平成11年　天皇陛下ご即位十年に際しての記者会見〕

11月15日　修養を積む

「皆様にお助けいただいて、少しでもより良い自分を作っていかれるよう、一生懸命に修養を積んでいきたいと思っております」

〔昭和33年　婚約決定直後の記者会見〕

Column 皇室と日本赤十字社

皇室と日本赤十字社との関係は西南戦争での博愛社に始まり、100年以上の歴史がある。昭和22年には香淳皇后が名誉総裁に就任され、以降、美智子さま、雅子さまとその役職は皇后さまに引き継がれている。

11月16日　安息を願う

「長い年月、ひたすら象徴のあるべき姿を求めてここまで歩まれた陛下が、御高齢となられた今、しばらくの安息の日々をお持ちになれるということに計りしれぬ大きな安らぎを覚え（略）深く感謝しております」

〔朝日新聞　平成29年11月3日〕

11月17日　これからのこと

「これからのことは何でも殿下とご相談して決めていきます」

〔毎日新聞　昭和33年11月27日〕

11月18日　寂しく思うでしょう

「（浩宮は）前よりずいぶん大きくなり、いろいろなことがわかるようになっているので、留守と気付いて寂しく思うでしょう」

〔昭和37年　フィリピンご訪問を前に〕

11月19日　支えになる家庭

「よい家庭がつくれて、それが殿下のご責任とご義務をお果たしになるときのなにかのお心の支えになり、間接的な、ちいさなお手伝いとしてお役に立てばと心から望み努力をしたいと思っております」

［昭和33年　婚約決定直後の記者会見］

episode

昭和33年11月の皇室会議でこれまで例のなかった皇族である皇太子さま（現・上皇さま）と民間人である美智子さまの婚約が正式に決定した。内定直後に記者会見が開かれ、美智子さまはひとつの家庭をつくられていくことに対して、右のように述べられた。美智子さまは皇太子さまとの結婚について、普通の結婚と違いはないとも述べられ、皇太子さまに寄り添い、家庭を守っていこうという強いお気持ちを示された。

11月20日　**声援を送る**

「私はマラソンが大好きで応援したくて出てきています」

〔朝日新聞　昭和60年11月18日〕

11月21日　**受け継ぐ交流**

「親同士の親しい交わりが、このようにごく自然に次世代に受け継がれていく中、これからは、子ども同士の交わりが一層深まっていくことを、楽しみにしております」

〔平成18年　シンガポール・タイご訪問にあたっての記者会見〕

Column **マラソン**

美智子さまは沿道からマラソンを観戦され、どんな選手が出るのか質問されることもあったという。最後尾の選手が歩くようにして走る姿を見た際には、「しっかりー」と声をかけられた。

11月22日

国民との親しみ

小雪

「この国にふさわしい形で、国民と皇室との間の親しみを大切に育んでいきたいものと考えています」

［平成10年　英国・デンマークご訪問に際しての記者会見］

episode

エリザベス女王がパブを公式訪問されたという報道があり、それに対し国民とそのような機会を持ちたいとのお考えがあるかと問われたときのお言葉。美智子さまは、国民が望むことは「皇室がその役割にふさわしい在り方をし、その役割に伴う義務を十分に果たしていくこと」だとし、在り方の中には親しさも含まれているものの、国民性の違いがあるのではないかと述べられた。

東宮御所を散策されるエリザベス女王と皇太子さま（現・上皇さま）ご一家。

Column 王室や皇室の役割

王室や皇室の役割について美智子さまは、絶えず移り変わる社会の中で，変わらぬ立場から継続的に見守り，全てがあるべき姿にあるよう祈り続けることではないかと述べられた。

11月23日 社会への願い

「複雑な問題を直ちに結論に導けない時、その複雑さに耐え、問題を担い続けていく忍耐と持久力をもつ社会であって欲しいと願っています」

［平成9年 お誕生日に際して］

11月24日 プレゼント

「クリスマスまで待ちましょうね」

［浜尾実『美智子さま 心にひびく愛の言葉』（平成13年、青春出版社）］

Column **ものを大切にする**

皇太子さま（現・上皇さま）も美智子さまも、お子様が欲しいと言ったときに毎回ものを買い与えることは絶対にされなかったので、お子様たちはもらったものなどを大切にされた。

11月25日　忍耐強く

「野球の松井さんに見習って私も忍耐強く治したいと思います」

〔平成21年　天皇陛下ご即位二十年に際しての記者会見〕

11月26日　旅の心がけ

「私は旅行の前に、
とくにあるものに期待を抱くというのではなく、
後で振り返って良かったと思う旅をしたいと心がけています」

〔昭和45年　マレーシア・シンガポールご訪問に際しての記者会見〕

11月27日　大切な人をもつ

「少しでも多くの人が、　相手の国に友人と呼ぶことのできる
大切な人をもつことができたならば、
どんなによろしいかと折々に思うことがあります」

〔平成6年　フランス・スペインご訪問に際しての記者会見〕

11月28日　善意を信じる

「恵まれた環境に育てられ、私は人の善意を信じてきました」

〔毎日新聞　昭和33年11月27日〕

11月29日　未来の皇室

「浩宮を助けて良い皇室をつくってほしい。いわなくても礼宮は必ずそうしてくれるでしょう」

〔朝日新聞　昭和52年10月20日〕

11月30日　平和と安全

「同じ地球上で今なお戦乱の続く地域の平和の回復を願うと共に、世界各地に生活する邦人の安全を祈らずにはいられません」

〔平成19年　お誕生日に際して〕

昭和46年、絵本をご覧になる皇太子さま（現・上皇さま）、礼宮さま（現・皇嗣さま）、浩宮さま（現・天皇陛下）、紀宮さま（現・黒田清子さん）、美智子さま。

Column 11

音楽に深い造詣を持ち芸術鑑賞を楽しまれる

音楽で広がる交流

美智子さまは音楽に造詣が深く、6歳からピアノを嗜まれている。皇室に入られる際、ご両親からはご成婚祝いにヤマハのグランドピアノが贈られた。ピアノだけでなく、ハープも演奏される美智子さまはご家族で合奏を楽しまれることもある。コンサートを鑑賞されることはもちろん、毎夏のご静養の際には「草津夏期国際音楽アカデミー＆フェスティヴァル」に参加され、これまでに数々の著名な音楽家と演奏されるなど交流を持たれてきた。平成26年は広島県での土砂災害と重なり、ご静養を取り止められたため参加されなかったが、参加する音楽家たちも美智子さまと演奏することを毎年とても楽しみにしていた。

世界的ピアニストのマルタ・アルゲリッチさんとは、住まいに招かれるなど上皇さまとともに交流をお持ちで、同年に行われた「第21回別府アルゲリッチ音楽祭」をはじめ彼女の演奏会に何度も足を運ばれた。

平成17年には紀宮さま（現・黒田清子さん）と黒田慶樹さんの結婚式と披露宴が行われた。このとき会場に流れていた音楽は、シューマンの『くるみの木』など、美智子さまが紀宮さまのためにと選び、構成されたものだった。

12月1日　友への感謝

「友情への感謝の気持ちを持って、この度スペインを訪問いたします」

〔平成6年　フランス・スペインご訪問に際しての記者会見〕

平成6年、スペインのエル・パルド宮殿で歓迎式典に臨む美智子さまとソフィア王妃。

12月2日　幸せと無事を祈る

「陛下のお側で人々の幸せを祈るとともに、幼い者も含め、身近な人々の無事を祈りつつ、国や社会の要請にこたえていきたいと思います」

〔平成16年　お誕生日に際して〕

12月3日　叶った夢

「ごく個人的なことですが、いつか一度川の源流から河口までを歩いてみたいと思っていました」

〔平成28年　お誕生日に際して。神奈川県小網代の森について〕

12月4日　陛下との旅

「今年は国内各地への旅も、もしかすると、これが公的に陛下にお供してこれらの府県を訪れる最後の機会かもしれないと思うと、感慨もひとしお深く、いつにも増して日本のそれぞれの土地の美しさを深く感じつつ、旅をいたしました」

〔平成29年　お誕生日に際して〕

12月5日　孫のお世話

「時に両親に代わって悠仁の面倒をみるなど、数々の役目を一生懸命に果たして来ました」

［平成27年　お誕生日に際して］

12月6日　活力に触れて

「新しい活動が始められる段階は、常に危うさを伴い、どこか不安定な感じもあるのですが、初期にしかない熱気や迫力もあり、わずかずつでもそうした活力に触れることの出来たことは、得難い経験であったと思います」

［平成13年　お誕生日に際して。皇室の役割が若い世代へどのように引き継がれていくかについて］

12月7日　若人への配慮

大雪

「あの二人は別に席を用意してください」

［昭和60年　葉山のレストランにて　河原敏明『美智子さまと皇族たち』（平成4年、講談社）］

episode

昭和60年12月、皇太子さま（現・上皇さま）と美智子さま、礼宮さま（現・皇嗣さま）は葉山御用邸を訪れていた。同時期に偶然にも近くのホテルに川嶋家が滞在していることを知った礼宮さまは、川嶋紀子さん（現・紀子さま）に連絡をし、自ら車を運転して、紀子さまを訪ねられた。お二人は海岸線をドライブし、海辺を散歩された後、皇太子さまと美智子さまと合流し、4人で昼食を取られることに。その際、美智子さまがレストラン側に右のように伝えられた。

平成25年、葉山御用邸近くの海岸を散歩される天皇陛下（現・上皇さま）と美智子さま。

Column 葉山御用邸

神奈川県三浦郡葉山町にある御用邸のひとつ。御用邸内を見学することはできないが、大正天皇崩御の地・昭和天皇即位の地である付属邸跡地「葉山しおさい公園」は自由に見学できる。

12月8日　雅子さまを思って

「私がどのように役に立っていけるか、まだよく分からないのですが、必要とされる時には、話し相手になれるようでありたいと願っています」

［平成12年　お誕生日に際して］

12月9日　生きる指針

「弱く、悲しむ人々の傍らに終生よりそった何人かの人々を知る機会を持ったことは、私がその後の人生を生きる上の、指針の一つとなったと思います」

［平成16年　お誕生日に際して］

12月10日　内助の功とは

「皇太子さまがどこかに行くときに、行きなさいと言われたときに行くことが、内助の功だと思います」

［河原敏明『美智子さまのおことば 愛の喜び・苦悩の日々』（平成3年、ネスコ）］

12月11日　子育ての責任

「自分の腕の中の小さな生命《いのち》は、誰かから預けられた大切な宝のように思われ、私はその頃、子どもの生命《いのち》に対する畏敬《おそれ》と、子どもの生命《いのち》を預かる責任に対する恐れとを、同時に抱いていたのだと思います」

［平成14年　国際児童図書評議会（IBBY）の創立50周年記念大会での挨拶］

episode

平成14年、国際児童図書評議会創立50周年記念大会に寄せて、右のように述べられた美智子さま。国際児童図書評議会の活動をされていたころ、丁度3人の子育てと並行していたという。そのような日々のなかで心ひかれた詩を英訳していたと語られた。

12月12日　皇室のあり方

「常に国民の関心の対象となっているというよりも、国の大切な折々にこの国に皇室があって良かった、と、国民が心から安堵し喜ぶことの出来る皇室でありたいと思っています」

〔平成8年　お誕生日に際して〕

12月13日　細やかな気づき

「桜井さんですね？　よろしくお願いします」

〔『女性自身』昭和43年12月23日号　ボディーガードの女性にかけられたひと言〕

12月14日　人生を振り返って

「3人の子ども達は、誰も本当に可愛く、育児は眠さとの戦いでしたが、大きな喜びでした」

〔平成30年　お誕生日に際して〕

12月15日　安全を願って

「ありがとう。子どもたちのことをよろしくお願いしますね」

〔平成24年　福島県川内村の川内小学校にて
『週刊朝日』平成24年11月2日号〕

平成24年、福島県川内村の民家にて除染の様子を視察し、作業員たちに声をおかけになる天皇陛下（現・上皇さま）と美智子さま。

12月16日　公務のあり方

「病気をお持ちの陛下が、少しも健康感を失うことなく、日々の務めに励んでいらっしゃるご様子を見上げますと、陛下の御日常が、ごく自然に公務と共にあるとの感も深くいたします」

〔平成23年　お誕生日に際して〕

12月17日　結婚を決意した言葉

「(陛下が)『家庭を持つまでは絶対に死んではいけないと思いました』とお話しくださったとき、私は今まで自分の見解の中にも、読みました小説の中にも、こんな寂しい言葉はなかったと思いました」

〔河原敏明『美智子さまのおことば 愛の喜び・苦悩の日々』(平成3年、ネスコ)〕

12月18日　記憶に残るのは

「振り返ってみる時、苦しかった記憶以上に、いろいろな場面で多くの方に温かく導いていただいたという印象が強いのです」

［昭和44年　ご結婚10年に際して］

12月19日　歴史への探求心

「あまり歴史は好きではなかったのです。でも、やってみると興味がでて、やはりローマ、ギリシャまでさかのぼって勉強しないと」

［『週刊女性』昭和41年12月17日号］

12月20日　人々の努力を見て

「人々の地道な努力が花開くのを見る喜びもありました」

［平成13年　お誕生日に際して］

12月21日

国民を考慮して

冬至

「祠《ほこら》のようなものでいいので、陛下のおそばに造ってほしい」

［平成24年　羽毛田信吾宮内庁長官の会見］

episode

平成25年、宮内庁は天皇と皇后の埋葬を土葬から火葬へ変更することを決定した。江戸時代前期から天皇と皇后は土葬とされてきたが、「極力国民生活への影響の少ないものが望ましい」と、葬儀の簡素化をお考えになられていた天皇陛下（現・上皇さま）の意向を踏まえ、このような決定がされた。天皇陛下は美智子さまに「合葬」を提案されていたが、畏れ多いことと遠慮し、右のように答えられた。

平成元年１月９日、昭和天皇の崩御２日後に行われた朝見の儀でお言葉を述べる天皇陛下（現・上皇さま）。隣に立つのは美智子さま。

Column 朝見の儀

立太子や結婚などに際し、天皇皇后両陛下にあいさつを行う。即位後朝見の儀では、即位に際して三権の長や国民の代表にあいさつなどを行う。

12月22日　身分を隠せたら……

「(かくれみのを使って) 混雑する駅の構内をスイスイと歩く練習をし、その後、学生のころよく通った神田や神保町の古本屋さんに行き、もう一度長い時間をかけて本の立ち読みをしてみたいと思います」

［平成19年　ヨーロッパ諸国ご訪問に際しての記者会見］

12月23日　子どもたちの生きる世界

「子どもたちが生きていく世界が、どうか平和なものであってほしいと心の底から祈りながら、世界の不穏な出来事のいずれもが、身近なものに感じられてなりませんでした」

［平成14年　国際児童図書評議会（IBBY）の創立50周年記念大会での挨拶］

12月24日　務めを果たす

「どんなにかご苦労の多くいらしたであろう昭和天皇をお偲び申し上げ、その御意志を体《たい》し、人々の安寧を願い続けておられる陛下のお側で、陛下の御健康をお見守りしつつこれからの務めを果たしていければと願っています」

［平成27年　お誕生日に際して］

12月25日　健康を祈って

「陛下のお仕事が、ご健康で果たされていくようにお祈りしております」

［平成2年　天皇陛下（現・上皇さま）お誕生日に際して］

12月26日　時間が教えてくれるもの

「本当にその事柄の深い意味とか、年月がたたないとわからないというのがございましたね」

〔昭和58年　お誕生日に際して〕

12月27日　自分たち世代を踏み台に

「若い世代の人々は、私たちの、また、私たち世代の力の足りなかった部分も含めて、より多く過去から学ぶことが出来るでしょう」

〔平成13年　お誕生日に際して〕

昭和58年10月、49歳の誕生日を控えた美智子さま。紀宮さま（現・黒田清子さん）と一緒に「アサマキスゲ」の種を採取した。

12月28日　伝統の継承

「伝統の問題は引き継ぐとともに、次世代にゆだねていくものでしょう」

［平成21年　天皇皇后両陛下御結婚満50年に際しての記者会見］

episode

平成21年、天皇陛下（現・上皇さま）との結婚50年を迎えた際の記者会見にて、皇室の伝統とそれを次世代にどう引き継いでいくかと問われ、美智子さまは右のように述べられた。同じ会見で天皇陛下は、新嘗祭《にいなめさい》のように古くから伝えられてきた伝統的祭祀を守りつつ、新たに学士院賞や芸術院賞受賞者などを招いての茶会の形式を変えた点などに言及された。美智子さまもこれを踏まえられている。

昭和34年、朝見の儀の後、記念撮影する皇太子さま（現・上皇さま）と美智子さま。

Colmun 歌会始の儀

毎年1月に和歌を披露しあう歌会始の儀は皇室の伝統のひとつだ。平成8年の歌会始（御題「苗」）で美智子さまは、「日本列島日ごとの早苗そよぐらむ今日わが君も御田にいでます」と詠まれた。

12月29日　国民の幸福を願う

「（歴代の天皇方が）自然の大きな力や祖先のご加護を頼まれて、国民の幸福を願っていらしたと思います」

［昭和56年　お誕生日に際して］

昭和56年、美智子さまの47歳の誕生日にあたって撮影された、皇太子さま（現・上皇さま）、美智子さま、浩宮さま（現・天皇陛下）。

12月30日　弱い自分

「誰もが弱い自分というものを恥ずかしく思いながら、それでも絶望しないで生きている」

［昭和55年　お誕生日に際して］

episode

昭和55年、46歳のお誕生日を迎えられた際に行われた記者会見にて、記者から「人に接する際に念頭に置かれていること」について問われた際のご回答。同時に美智子さまは、「一人一人自分の人生を生きているので、他人がそれを十分に理解したり、手助けしたりできない部分を芯に持って生活していると思う」とし、続けて「そうした姿をお互いに認め合いながら、なつかしみ合い、励まし合っていくことができればと、そのように考えて人とお会いしています」と語られた。

12月31日　生活のなかで大切なこと

「約二か月にわたる紅葉山での養蚕も、私の生活の中で大切な部分を占めています」

［平成11年　お誕生日に際して］

平成11年、皇居内の紅葉山御養蚕所で蚕に桑の葉を与える美智子さま。写真：宮内庁提供。

Column 12

常に国民を思い
国の平和と安寧を心から祈る

次に始まる新しい時代へ

平成28年7月、天皇陛下（現・上皇さま）は生前退位のご意向を示された。8月には国民に向けてビデオメッセージで象徴としてのお務めについてお考えをお話になり、「生前退位」という言葉が国民の広く知るところとなった。

平成30年、美智子さまは皇后として最後のお誕生日を迎え、皇室に入られてからの60年を振り返り、国民やこれまでかかわりのあった人々への感謝を伝えられた。また、戦後、国の象徴としてのあり方を考え続けられた天皇陛下について、感謝と労いのお気持ちを示されるとともに、今後について「これまでのお疲れをいやされるためにも、これからの日々を赤坂の恵まれた自然のなかでお過ごしになれることに、心の安らぎを覚えています」とお気持ちを示された。

これまで皇太子妃、皇后として常に国民に寄り添い、国の平和を祈り続けてこられた美智子さま。皇后としてご即位後は、天皇陛下とともに海外28カ国のほか、国内の47都道府県はそれぞれ2回以上訪問された。平成の時代に両陛下が公務で国内を移動された距離は、実に地球15周半にも及ぶ。上皇后となられたのちも、上皇さまとともに国の平和と安寧、人々の幸せを祈り続けられている。

令和2年、仙洞仮御所にて庭のバラをご覧になる上皇さまと美智子さま。写真：宮内庁提供。

監修
小田部雄次(おたべ・ゆうじ)
静岡福祉大学名誉教授。昭和27年、東京都生まれ。立教大学大学院文学研究科博士課程後期単位取得退学。国立国会図書館海外事情調査課非常勤職員、静岡福祉大学社会福祉学部教授などを経て、現職。専門は日本近現代史。著書に『四代の天皇と女性たち』(文藝春秋)、『皇族——天皇家の近現代史』(中央公論新社)、『皇族に嫁いだ女性たち』(KADOKAWA)、監修に『米寿のお祝い記念 美智子さま愛のお言葉大全』(宝島社)など多数。

四季《しき》とともに歩《あゆ》む 美智子《みちこ》さま366の言葉《ことば》

2024年3月14日　初版発行

監修　小田部雄次《おたべゆうじ》
発行者　山下直久
発行　株式会社KADOKAWA
〒102-8177
東京都千代田区富士見2-13-3
電話:0570-002-301(ナビダイヤル)
印刷所　図書印刷株式会社
製本所　図書印刷株式会社

ISBN 978-4-04-606756-2　C0021